NEYEMI

LEVE

Devosyon

NEYEMI
LEVE

Devosyon
Vol 6

GREGORY TOUSSAINT

Copyright © 2025 Gregory Toussaint

Tout dwa rezève. Pèsonn pa dwe sèvi ak okenn pati nan liv sa a oswa repwodwi l sou okenn fòm san pèmisyon ekri otè a eksepte nan ka sitasyon nan atik oswa revi.

Se GT Publishing ki pibliye liv sa a, se yon soudivizyon GT Enterprise, LLC.

Pastor G Library
990 NE 125th Street, Suite 200
North Miami, FL 33161
Sit Entènèt: www.tabernacleofglory.net
Imèl: pastorgslibrary@gmail.com
(305) 899-0101

Tout referans biblik yo, sof nan ka kontrè, sòti nan vèsyon biblik Haitian Creole Version (HCV).

Liv sa gen dwa dotè sou li e pèsonn pa ka repwodwi l sou kèlkeswa fòm lan san otorizasyon Pastor G Library.

Pou madanm mwen Patricia,
Konpay mwen nan lavi,
ak
pitit gason beni mwen yo
Gregory Jr. ak Joshua

SA KI NAN LIV LA

Sezi Moman an 1
  1e Avril 2025 - Yon volonte pou travay 2
  2 Avril 2025 - Pouvwa momentòm nan 4
  3 Avril 2025 - Lapriyè pou travay la 6
  4 Avril 2025 - Pouvwa Lapriyè ann Aksyon 8
  5 Avril 2025 - Byen Sèvi ak Tan w 10
  6 Avril 2025 - Byen jwi moman an 12
  7 Avril 2025 - Vanse ak moun kap vanse 14
  8 Avril 2025 - Fokalize ou sou bon moun yo 16
  9 Avril 2025 - Selebre chak etap yo 18
  10 Avril 2025 - Fikse ti Objektif 20
  11 Avril 2025 - Adapte Nouvo Estrateji 22
  12 Avril 2025 - Adapte w epi Pwospere 24
  13 Avril 2025 - Adrese Pwoblèm yo 26
  14 Avril 2025 - Adrese Pwoblèm Kilti Toksik la 28
  15 Avril 2025 - Rete konsantre sou misyon an 30
  16 Avril 2025 - Kenbe fèm nan tan difisil yo 32
  17 Avril 2025 - Kèk modèl tenasite devan advèsite 34
  18 Avril 2025 - Kijan yo Jere Opozisyon 36
  19 Avril 2025 - Jere Dout ak Opozisyon ak Lafwa 38
  20 Avril 2025 - Nou dwe konnen opozisyon gen pou vini 40
  21 Avril 2025 - Veye epi Priye 42
  22 Avril 2025 - Lafwa ak aksyon mache men nan men 44
  23 Avril 2025 - Ou pa Bezwen Pè 46
  24 Avril 2025 - Lafwa fè nou gen kran 48
  25 Avril 2025 - Evite Distraksyon 50
  26 Avril 2025 - Kontinye travay la malgre tout bagay 52
  27 Avril 2025 - Pa Lage Bay 54
  28 Avril 2025 - Sonje Poukisa w ap Goumen 56
  29 Avril 2025 - Goumen Pou Glwa Bondye 58
  30 Avril 2025 - Goumen Pou Fanmi Yo 60

Kèk Grenn Moun Yo Chwazi 63
  1e Me 2025 - Pouvwa yon minorite ki devwe 64
  2 Me 2025 - Pouvwa ti rès la 66
  3 Me 2025 - Kategori ti rès 68
  4 Me 2025 - Moun Ki Rete yo 70
  5 Me 2025 - Moun yo egzile yo 72
  6 Me 2025 - Benediksyon ti rès la 74

7 Me 2025 - Pwosperite ti rès la 76
8 Me 2025 - Pèmanans ti rès la 78
9 Me 2025 - Ti rès la dwe rete 80
10 Me 2025 - Ti rès la nan Listwa: Jedeyon 82
11 Me 2025 - Dife transfòmasyon John Wesley a...................................... 84
12 Me 2025 - Kèk Moun Vanyan Ki Limen Dife Libète................................ 86
13 Me 2025 - Sekrè ti rès la: Konviksyon 88
14 Me 2025 - Sekrè ti rès la: kolaborasyon 90
15 Me 2025 - Sekrè ti rès la: Kominikasyon 92
16 Me 2025 - Sekrè ti rès la: Kouraj 94
17 Me 2025 - Siksè ak ranplasan 96
18 Me 2025 - Nou bezwen selebre siksè 98
19 Me 2025 - Bay Bondye Glwa 100
20 Me 2025 - Rete nan imilite: Rekonèt men Bondye nan siksè ou......... 102
21 Me 2025 - Imilite: Konprann plas nou nan monn Bondye a 104
22 Me 2025 - Ankouraje lòt moun: selebre siksè ansanm....................... 106
23 Me 2025 - Evite pèlen peche 108
24 Me 2025 - Evite ògèy lè w reyisi... 110
25 Me 2025 - Evite Avaris.. 112
26 Me 2025 - Evite lanvi 114
27 Me 2025 - Planifye pou gen siksè epi kite ranplasan 116
28 Me 2025 - Gwo Lidè Kreye Lidè... 118
29 Me 2025 - Planifye pou gen yon siksè dirab... 120
30 Me 2025 - Ou Dwe Responsab 122
31 Me 2025 - Dirije eritaj ou... 124

Biyografi... 127

SEZI MOMAN AN

YON VOLONTE POU TRAVAY

(Paj 251 nan liv Neyemi leve)

VÈSÈ KLE

"Pa janm bouke fè byen. Paske, si nou pa dekouraje, n'a rekòlte lè lè a va rive."

(Galasi 6:9, HCV)

Lè Neyemi te pran desizyon pou li rebati miray Jerizalèm yo, li te fè fas ak rezistans epi dout. Miray kraze sa yo te senbolize vil la ki te pèdi idantite l. Malgre anpil ane destriksyon, Neyemi te bay moun yo espwa lè li te pataje vizyon Bondye te ba li a. Misyon li pa te sèlman pou rebati; men tou pou restore pèp Jerizalèm nan, lafwa yo ak objektif yo.

Pèp la te reponn apèl Neyemi an nan linite ak detèminasyon. Bib la di, *"Pèp la te soti pou l' te fè travay la."* (Neyemi 4:6, HCV). Gason kou fanm, rich kou pòv, tout te travay ansanm. Jefò nan travay ansanm nan te reflete men Bondye kap aji nan mitan yo, sa ki montre kijan moun Bondye ka akonpli gwo bagay lè yo ini.

Bondye envite nou pou nou patisipe nan travay restorasyon Li a. Kit se pou rebati relasyon ki kraze oswa sèvi nan kominote nou, Li rele nou pou nou travay ansanm nan lafwa. Lè nou fè Li konfyans epi ini nou ak lòt yo, nou ka rive akonpli plis pase sa nou ta kapab fè poukont nou, pandan nap pote lespwa ak rekonfò pou sila yo ki nan antouraj nou.

Reflechi sou ki kote Bondye ap rele ou pou bati osinon restore. Kit se nan fanmi ou, legliz ou, oswa kominote w, fè yon pa annavan semèn sa. Pataje vizyon w ak lòt moun, envite yo vin mete men ladan li epi kwè Bondye ap beni travay men nou pandan nap travay ansanm pou objektif Li yo.

LAPRIYÈ

Senyè, mèsi paske ou rele nou pou nou patisipe nan travay Ou. Aprann nou pou nou kwè nan plan Ou yo epi enspire lòt moun pou mete men ak nou. Fè nou youn nan objektif nou yo epi ba nou fòs pou nou travay ak lajwa epi fidelite. Pèmèt tout sa nap fè, fèt pou laglwa Ou. Nan non Jezi, Amèn.

APLIKASYON

Chwazi yon domèn nan lavi w ki bezwen rebati oswa restore. Priye pou sajès, fè yon pa annavan pou sa ka chanje epi envite lòt moun vin sipòte efò a. Fè Bondye konfyans pou gide epi beni travay ou pandan wap koube ou anba vizyon Li.

OU TANDE VWA BONDYE?

2 Avril 2025 — Bib la nan yon lane - 1 Samyèl 24 – 1 Samyèl 26

POUVWA MOMENTÒM NAN
(Paj 251 liv Neyemi Leve)

VÈSÈ KLE
"Pa janm bouke fè byen. Paske, si nou pa dekouraje, n'a rekòlte lè lè a va rive."

(Galasi 6:9, HCV)

Eksperyans Neyemi an montre enpòtans momentòm nan akonpli travay Bondye. Momentòm se fòs ki pwovoke pwogrè epi ki enspire efò kolektif. Li kreye yon sans objektif ak akonplisman. Jan *John Maxwell* te di, "Momentòm se pi bon zanmi yon lidè. San li, lidè a se jis yon jeran."

Momentòm pa rive konsa konsa. Neyemi te demontre kijan lapriyè esansyèl pou kenbe l. Li te toujou ap chèche gidans Bondye ak fòs pou travay la. Lè li te mete Bondye nan tout sa li tap fè, Neyemi te asire li rete konsantre nan efò li, plen enèji epi pote rezilta menm lè li fè fas ak pwoblèm. Eklezyas 3:1 (HCV) di, *"Gen yon lè pou chak bagay. Bondye fikse yon tan pou chak bagay k'ap fèt sou latè."*

Nan pwòp jefò pa ou yo, momentòm mande pèsevèrans ak konfyans nan Bondye. Pandan wap chèche akonpli objektif Li, sonje pou toujou rete nan lapriyè epi rete angaje nan travay Li te ba ou a. Lapriyè pa sèlman sipòte momentòm nan, men tou li fè jefò ou yo ak volonte w epi benediksyon Bondye yo fè yon sèl.

Momentòm se pa sèlman yon zafè pwogrè; se tou pèsevèrans anfas defi yo. Neyemi pa te reyisi paske kondisyon yo te reyini pou sa, men se te akoz angajman fèm li nan apèl Bondye a sou lavi l. Menm jan an tou, lè nou rankontre difikilte yo, kontinye kwè Bondye ap travay nan chak etap. Kontinye avanse, konnen pèsevèrans nan volonte Li ap pote rezilta lè sa dwe fèt. Jodiya pran yon moman pou reflechi sou pwochen pa ou nan objektif Bondye pou lavi ou. Kisa ou kapab fè k ap ede lafwa ou grandi? Angaje w nan aksyon sa epi fè Bondye konfyans pou Li ba ou momentòm pou akonpli volonte Li.

LAPRIYÈ
Senyè, mèsi paske wap bay momentòm nan travay Ou rele nou pou nou fè a. Ede nou rete konsantre sou Ou nan lapriyè ak obeyisans. Sipòte nou ak fòs Ou epi gide nou pou nou akonpli tout sa Ou te planifye. Se pou tout sa nap fè glorifye Ou. Nan non Jezi, Amèn.

APLIKASYON
Reflechi sou yon domèn ou te wè pwogrè ak momentòm. Angaje w pou rete nan lapriyè pou gidans ak fòs Bondye nan travay sa a. Idantifye yon aksyon kap ede ou rete konsantre epi avanse nan lafwa. Fè Bondye konfyans pou soutni momentòm pou glwa Li.

OU TANDE VWA BONDYE?

LAPRIYÈ POU TRAVAY LA

(Paj 252 nan liv Neyemi leve)

VÈSÈ KLE

"Pa janm bouke fè byen. Paske, si nou pa dekouraje, n'a rekòlte lè lè a va rive."

(Galasi 6:9, HCV)

Lapriyè pou travay la enpòtan. Nan liv Neyemi an, genyen plis pase yon douzèn egzanp fason pou priye Bondye, depi lè yo kite peyi Lapès pou rive nan fen travay la, e sitou pandan peryòd atak yo.

Lè lenmi Neyemi yo te tande tout sa travayè yo te rete pou fè se mete pòtay nan miray yo, yo te kòmanse fè fo akizasyon sou li; yo te eseye kraponnen travayè yo pou yo bay vag pou miray la pa fini. Neyemi te refize kache, li priye, *"Bondye! Ban m' fòs non! Fè m' pa dekouraje!"* (Neyemi 6:9, HCV), epi li fini travay Senyè a te prepare l pou fè a. Non sèlman miray ki te anroure Jerizalèm nan te rebati nan senkannde jou, men nasyon ki te tou pre yo te konnen *"si travay la te fini se paske Bondye nou an te vle l"* (Neyemi 6:16, HCV).

Neyemi te chèche Senyè a lè Jerizalèm te kraze epi li kontinye lapriyè jiskaske li rebati. Egzanp li a raple nou kijan lapriyè se fondman travay Bondye, li kenbe nou djanm nan moman difikilte yo, epi envite asistans Bondye nan travay nou.

Reflechi sou travay Bondye mete devan ou. Kit yo sanble gwo oswa piti, kouvri yo ak lapriyè. Mande Bondye fòs, sajès ak gidans Li, epi kwè Li ap ba ou sa ou bezwen pouw fè travay Li relew pouw fè a.

LAPRIYÈ

Senyè, mesi pou egzanp Neyemi, ki te fè Ou konfyans nan lapriyè nan chak etap nan istwa li a. Ede nou konte sou ou menm jan an pandan nap fè fas ak difikilte lavi a. Mete fòs nan men nou pou nou kapab fè travay Ou kap pote glwa pou Non Ou. Nan non Jezi, Amèn.

APLIKASYON

Idantifye yon travay oswa yon difikilte ki anfas ou kounye a, angaje tèt ou pou ou priye pou gidans ak fòs Bondye chak jou. Fè yon pa an avan semèn sa, pandan wap kwè Li ap ba ou resous ak sajès ou bezwen pou fini travay sa pou glwa Li.

OU TANDE VWA BONDYE?

POUVWA LAPRIYÈ ANN AKSYON
(Paj 252 nan liv Neyemi Leve)

VÈSÈ KLE
"Pa janm bouke fè byen. Paske, si nou pa dekouraje, n'a rekòlte lè lè a va rive."

(Galasi 6:9, HCV)

Piga ou tann se lè ou gen pwoblèm pou ou priye. Nan diskou sou Eta Inyon nan lane 1962, John F. Kennedy te di, "Moman pou repare do kay la se lè solèy la klere." Lapriyè se pa sèlman pou moman kriz yo, men se yon pati nan preparasyon esansyèl nan preparasyon pou nenpòt sa kap gen pou rive a.

Sa gen kèk ane, yo te envite m nan yon konvèsasyon prive Bichòp TD Jakes te genyen avèk Anbasadè Andrew Young, ki te yon pwòch Martin Luther King Jr. Pandan reyinyon zoum sa, Bichòp Jakes te mande l ki diferans ki genyen ant mouvman dwa sivik yo ak mouvman *Black Lives Matter* a. Repons Anbasadè a te fèm sezi. Li te eksplike mouvman *Black Lives Matter* pa chita sou lapriyè menm jan ak mouvman dwa sivik yo. Li te di, "Nan tan Martin Luther King Jr., avan nou soti pou manifestasyon yo, nou priye epi chante pandan dezèdtan. Lè lè a te rive pou nou mache, nou te ranpli ak Sentespri epi pare pou nou te fè fas ak polisye rasis ak tout chen mechan ki te ak yo a." Mouvman dwa sivik la te gen tout enpak sa paske li te chita sou lapriyè solid.

Lè aksyon nou chita sou lapriyè, li pote yon fòs, pwoteksyon ak direksyon Bondye. Nan Jak 5:16 (HCV) nou li *"lè yon moun ap viv dwat devan Bondye, lapriyè moun sa a gen anpil pouvwa."* Menm jan ak mouvman dwa sivik la, lapriyè sipoze soutni efò nou pou enpak yo kapab dire. Lapriyè pa sèlman prepare nou espirityèlman, men li ba nou fòs pou nou kanpe devan pwoblèm yo ak lafwa epi detèminasyon.

Èske ou ap chèche Bondye tout bon vre nan sikonstans ou yo aktyèlman la? Pran tan jodiya pou priye epi mande Bondye pou ba ou fòs, gide pa ou yo, epi prepare ou pou nenpòt difikilte ou ta ka rankontre a.

LAPRIYÈ

Senyè, mèsi pou egzanp sila yo ki te pase avan nou yo, ki te montre nou pouvwa lapriyè nan moman batay yo. Ede nou fè lapriyè tounen yon pati nan lavi nou chak jou pou nou ka prepare espirityèlman pou pwoblèm ki devan nou yo. Fòtifye kè nou ak lespri nou nan Ou nan non Jezi, Amèn.

APLIKASYON

Pran abitid pou priye chak jou, menm lè tout bagay ap byen mache. Mete tan apa pouw priye pou sajès, fòs ak gidans avan ou fè fas ak difikilte yo, fè Bondye konfyans pou Li prepare pou nenpòt sa ki pral rive a.

OU TANDE VWA BONDYE?

BYEN SÈVI AK TAN W

(Paj 252-253 nan liv Neyemi leve)

VÈSÈ KLE

"Pa janm bouke fè byen. Paske, si nou pa dekouraje, n'a rekòlte lè lè a va rive."

(Galasi 6:9, HCV)

Lè Neyemi te rive Jerizalèm, li pa te pèdi tan. Aprè vwayaj long li a, li repoze pandan twa jou avan li kòmanse travay (Neyemi 2:11-16). Angajman li pou travay la te san fay, e li te travay san kanpe, jiskaske li fini mi an nan senkannde jou (Neyemi 6:15). Neyemi te konprann enpòtans pou li byen sèvi ak chak ti moman..

Michael Hyatt eksplike kijan momentòm se rezilta mouvman ak direksyon: plis wap avanse ak objektif, se plis momentòm ou ap pi gran. Kanpay Barack Obama nan lane 2008 te bay bon egzanp sou sa. Malgre li te sanble gen mwens chans, li te travay san pran souf, li te bay tout li menm, epi finalman li te rive genyen eleksyon an. Li te konnen lè moman glwa ou rive, ou dwe pouse pou pi devan.

Neyemi ak Obama, tou de, te konprann lè moman glwa ou rive, se lè sa ou dwe travay pi di. Momentòm nan ka pase rapid, kidonk li esansyèl pou deplwaye tout efò ou lè tout bagay ap byen mache. Jezi menm te rekonèt sa lè Li te di, *"Mwen dwe fè travay moun ki voye m lan pandan lajounen; talè konsa li pral fè nwit, pèsonn p'ap ka travay"* (Jan 9:4, HCV).

Pran yon moman pou analize opòtinite ou genyen nan lavi ou kounyea. Kijan ou ka byen sèvi ak moman sa pou avanse nan objektif ou? Kontinye avanse ak tout fòs ou, kwè Bondye ap gide efò ou yo.

LAPRIYÈ

Senyè, mèsi pou momentòm ou ba nou. Ede nou rekonèt lè bagay yo ap mache byen epi ba nou fòs pou nou byen sèvi ak moman sa yo. Ede nou travay ak dilijans ak fidelite epi konnen nan tan Ou vle a, nou ap rekòlte benediksyon yo. Nan non Jezi, Amèn.

APLIKASYON

Idantifye yon domèn nan lavi w kote opòtinite ap konstwi. Ogmante efò ou ak travay ou ak plis konsantrasyon epi detèminasyon. Kwè Bondye ap beni efò ou yo pandan wap avanse epi byen pwofite opòtinite ou yo.

OU TANDE VWA BONDYE?

6 Avril 2025 — Bib la nan yon lane - 2 Samyèl 8 – 2 Samyèl 11

BYEN JWI MOMAN AN

(Paj 253 nan liv Neyemi leve)

VÈSÈ KLE

"Pa janm bouke fè byen. Paske, si nou pa dekouraje, n'a rekòlte lè lè a va rive."

(Galasi 6:9, HCV)

Lè bagay yo ap byen mache nan karyè ou, biznis ou oswa ministè ou, pa chita pou rilaks kò w. Tan sa, pran tout avantaj opòtinite sa Bondye ba ou a. Jezi ansenye nou sou ijans nan ministè Li, lè Li tap di , *"Mwen dwe fè travay moun ki voye m' lan pandan li fè jou"* (Jan 9:4-5, HCV). Aji avèk objektif epi dilijans paske chans lan ka pa dire lontan.

Opòtinite pa dire pou tout tan. Gwo kriz ekonomik, chanjman teknolojik oswa difikilte ka vini san zatann. Pèsonn pa kapab gentan prevwa kilè bagay yo ap chanje, kidonk li enpòtan pou byen jwi moman glwa yo pandan ou genyen yo.

Neyemi te travay san pran souf pou l rebati miray Jerizalèm yo. Nou menm tou, nou dwe avanse nan travay Bondye mete devan nou an, epi konnen se tan pa Li a ki pi bon.

Kounyea, se moman pou aji. Bondye ba nou favè pandan sezon kwasans yo men se responsablite pa nou pou nou byen jwi moman sa yo. Pa kite kontantman pote ou ale. Kontinye pouse pou pi devan nan travay Bondye relew pou fè a. Li avèk ou nan chak etap sou chimen an.

Reflechi sou kote ou wè opòtinite ap grandi nan laviw. Èske ou ap pwofite opòtinite sa ase? Fè yon pa an van jodiya epi fè Bondye konfyans pou Li gidew epi sipòte jefò ou yo.

LAPRIYÈ

Senyè, mèsi pou chak opòtinite ou mete sou chimen nou. Ede nou rekonèt lè bagay yo ap mache byen epi ba nou fòs pou nou kontinye avanse. Fè nou mete tout konfyans nou nan Ou nan chak pa nou fè. Nan non Jezi, Amèn.

APLIKASYON

Idantifye yon domèn ou wè kap byen mache nan lavi ou. Pa tann li ralanti—poze yon aksyon jodiya menm. Fè Bondye konfyans pou edew deplwaye tout efò ou yo epi avanse ak objektif.

OU TANDE VWA BONDYE?

7 Avril 2025 — Bib la nan yon lane - 2 Samyèl 12 – 2 Samyèl 14

VANSE AK MOUN KAP VANSE
(Paj 254 nan liv Neyemi leve)

VÈSÈ KLE
"Pa janm bouke fè byen. Paske, si nou pa dekouraje, n'a rekòlte lè lè a va rive."

(Galasi 6:9, HCV)

Lè Neyemi t'ap rebati mi Jerizalèm yo, te gen kèk moun tankou gwo chèf Tekoyit yo (Neyemi 3:5) ki te refize patisipe. Nou pa konnen egzakteman poukisa yo te refize, men sa pa te anpeche travay la kontinye. Neyemi te konprann tout moun pap toujou dakò ak vizyon an, men travay la dwe kontinye ak moun ki angaje yo.

Te gen moun tankou Sanbala, Tobija ak Gechèm ki te ri epi meprize jefò Neyemi pou li rebati mi yo. Neyemi pa te dekouraje. Li di advèsè li yo, *"Se Bondye nan syèl la kap fè nou reyisi nan sa nou vle fè a; nou menm ki sèvitè Bondye, pral konmanse rebati l'. Men nou menm, moun lòt nasyon, nou pa gen ankenn dwa sou lavil Jerizalèm."* (Neyemi 2:20 HCV)

Nou ka rankontre ak opozisyon oswa moun ki pa manifeste enterè, men nou dwe kontinye avanse ak sila yo ki dispoze aji. Lè Bondye nan plan an, travay la ap fini menm lè gen rezistans. Nou sipoze rete konsantre epi rete fidèl ak moun ki vle avanse yo.

Lè nou rankontre ak opozisyon, sonje Bondye souvan sèvi ak yon ti gwoup moun ki angaje pou reyalize gwo bagay. Pa kite mank sipò kèk moun dekouraje ou. Kontinye pike pou pi devan ak moun ki pataje vizyon ou epi ki dispoze pou ede. Pèseverans ou ap fè ou fè siksè menm si tout moun pa patisipe.

Gade moun ki deja ap sipòtew nan sa wap fè. Èske ou ankouraje yo epi kenbe yo motive? Reflechi sou angajman ou pou vizyon ou epi sou fason ou ka kontinye avanse ak moun ki pare pou travay. Sonje, Bondye avèk ou nan chak etap sou chimen an.

LAPRIYÈ
Senyè, mèsi pou sila yo ki bò kote nou nan travay Ou rele nou pou nou fè a. Pa kite nou tonbe nan dekourajman akoz sila yo ki pa vle patisipe, men ede nou avanse ak sila yo ki gen volonte. Bay nou fòs pou nou kontinye vanse nan lafwa, paske nou konnen Ou ap bay nou sa nou bezwen. Nan non Jezi, Amèn.

APLIKASYON

Idantifye moun ki ap sipòte travay ou, kit se nan ministè, karyè, oswa devlòpman pèsonèl. Remèsye yo pou angajman yo epi avanse avèk sila yo ki pataje menm vizyon avèk ou. Fè Bondye konfyans pou Li voye bon moun epi detèminasyon ou bezwen pou kapab akonpli misyon Li.

OU TANDE VWA BONDYE?

BIB LA NAN YON LANE - 2 SAMYÈL 15 – 2 SAMYÈL 17

FOKALIZE OU SOU BON MOUN YO

(Paj 254 nan liv Neyemi leve)

VÈSÈ KLE

"Pa janm bouke fè byen. Paske, si nou pa dekouraje, n'a rekòlte lè lè a va rive."

(Galasi 6:9, HCV)

Neyemi pa te pèdi tan ap eseye rale moun ki te refize patisipe nan rekonstriksyon miray Jerizalèm yo. Li te mete tout fòs li sou moun ki te vle travay epi ki te pataje menm vizyon ak li. Se konsa tou, lèw vle reyalize yon objektif, li enpòtan pou envesti enèjiw nan moun ki sipòte vizyon ou a tan ou eseye al chèche sila ki pa enterese ak li.

Pwovèb 27:17 (HCV) di, *"Menm jan file fè, se konsa tou pou moun, tonn aprann nan men lòt."* Vèsè sa mete asksan sou valè ki genyen nan antoure tèt ou ak moun ki ka ankouraje ou, edew grandi epi ki pataje menm vizyon ak ou. Sa soutni enpòtans pou envesti nan zanmitay kap ba ou fòs epi pousew avanse nan objektif Bondye ba ou a.

Prensip Pareto montre nou se yon ti gwoup moun ki kontribye pi plis nan siksè yon travay. Nan nenpòt efò a, li esansyèl pouw idantifye moun kle ki vrèman vle angaje nan travay la. Lè ou konsantre sou 20% ki fè gwo enpak la, ou vin miltipliye ni efò ni rezilta ou yo. Bondye mete bon moun yo sou chimen ou, epi ansanm ak yo, ou ka akonpli kokennchenn bagay.

Tan ou kite sila ki kont ou yo dekouraje ou, konsantre enèji ou sou bati relasyon ak moun ki angaje. Rekonèt valè yo epi asire ou ou kreye yon anviwonnman ki ankouraje patisipasyon yo. Lè ou konsantre ou sou bon moun yo, li vin pi fasil pouw fè siksè.

Ki moun nan viw ki kontribiye plis nan devlopman ou? Pran tan pou ou reflechi sou wòl yo epi asire ou ou ba yo sipò ak atansyon yo bezwen pou yo briye a. Bondye ap travay nan lavi yo pou reyalize objektif pa ou yo.

LAPRIYÈ

Senyè, mèsi pou moun ou mete nan vim yo kap ede mwen akonpli vizyon Ou. Gide mwen poum envesti tan ak enèji mwen sou sila ki ap sipote objektif pa Ou. Ede mwen rekonèt epi apresye patisipasyon sila ki ap travay ak tout kè yo. Nan non Jezi. Amèn!

APLIKASYON

Pran yon moman pou ou idantifye moun kle ki gen bon enpak sou objektif ou yo. Konsantre ou pouw fòtifye relasyon sa yo epi ankouraje kontribisyon yo. Sonje byen, siksè vini lè ou envesti nan bon moun yo, kidonk nouri yo epi ba yo zam pou yo ka gen pi gwo enpak.

OU TANDE VWA BONDYE?

SELEBRE CHAK ETAP YO
(Paj 255 nan liv Neyemi leve)

VÈSÈ KLE
"Pa janm bouke fè byen. Paske, si nou pa dekouraje, n'a rekòlte lè lè a va rive."

(Galasi 6:9, HCV)

Neyemi te konprann enpòtans pou selebre chak etap nan pwosesis rekonstriksyon an. Lè mi an te rive nan mwatye wotè li, se te yon gwo reyalizasyon ki te montre avansman ak detèminasyon. Etap sa yo pèmèt nou pran yon poz, analize sa nou deja akonpli, epi selebre chak ti viktwa ki ankouraje nou pou nou kontinye.

Filip 1:6 (HCV) di nou *"Mwen sèten Bondye ki te konmanse bon travay sa a nan nou, li gen pou l' kontinye l' jouk li va fini l' nèt, lè jou Jezikri a va rive."* Sa se yon rapèl sou fidelite Bondye ki toujou fini travay Li kòmanse nan nou. Se poutèt sa li enpòtan pou selebre chak etap paske yo se prèv fidelite Li ak travay Li ki toujou kontinye, ki motive nou pou nou ale pi devan nan objektif nou.

Nan lavi, nou souvan konsantre sou objektif final la epi nou neglije ti reyalizasyon yo sou wout la. Menm jan Neyemi te selebre lè mi an te rive nan mwatye, nou menm tou nou dwe rekonèt chak pwogrè nou fè. Ti objektif sa yo ranfòse pasyon nou, raple nou tout sa nou deja reyalize epi motive nou pou nou avanse.

Selebre etap nou reyalize yo esansyèl pou kenbe momentòm nou. Kit se nan travay, relasyon, oswa kwasans pèsonèl, nou dwe pran tan pou nou apresye chak viktwa. Ti reyalizasyon sa yo bay nou ankourajman nou bezwen pou nou kenbe kou a epi fini ak fòs, menm lè nou rankontre difikilte. Chak etap nou franchi mete nou pi pre objektif Bondye mete devan nou.

Pran yon ti tan jodya pou reflechi sou ti pwogrè ou yo. Ki reyalizasyon ou fè dènyèman? Selebre li, remèsye Bondye pou fidelite Li, epi kontinye avanse ak plis fòs ak detèminasyon.

LAPRIYÈ
Senyè, mèsi pou chak etap Ou pèmèt nou reyalize sou wout la. Ede nou pran tan pou selebre epi reflechi sou bonte Ou nan chak sezon nan lavi nou. Bay nou fòs ak pèseverans pou nou kontinye chemen an epi akonpli tout sa Ou rele nou pou nou fè. Nan non Jezi, Amèn.

APLIKASYON

Idantifye yon etap ou sot franchi nan lavi w oswa yon pwogrè ou ap travay sou li. Selebre pwogrè sa, menm si li sanble piti. Pran tan pou remèsye Bondye pou kwasans ak momentòm li bay ou epi kite sa motive w pou w kontinye pouswiv objektif ou .

OU TANDE VWA BONDYE?

FIKSE TI OBJEKTIF

(Paj 255 nan liv Neyemi leve)

VÈSÈ KLE

"Pa janm bouke fè byen. Paske, si nou pa dekouraje, n'a rekòlte lè lè a va rive."

(Galasi 6:9, HCV)

Estrateji Neyemi te sèvi ak li, se te fikse ti objektif sou tout wout la, se te yon kle pou kenbe momentòm nan pwojè rekonstriksyon an. Lè nou divize gwo travay an ti objektif ki pi fasil pou akonpli, li vin pi senp pou nou wè pwogrè epi rete motive. Simon Sinek raple nou sa byen, "Momentòm kreye plis momentòm, epi pi bon fason pou bati li se kòmanse piti."

Nan Lik 16:10 (HCV) Jezi di, *"Moun ki kenbe pawòl li nan tout ti bagay, la kenbe l' nan gwo bagay tou. Men, moun ki pa serye nan ti bagay, li pap serye nan gwo bagay non plis.."* Vèsè mete aksan sou enpòtans pou nou rete fidèl nan ti travay yo, paske to bati fondasyon pou gwo reyalizasyon ki devan nou.

Pou nou menm lidè, selebre ti viktwa yo ak ekip ou ap ede kenbe moral yo wo epi kenbe konsantrasyon. Kit se pizza, yon kat kado, oswa yon ti repo, apresiyasyon travay di yo ankouraje efò moun yo epi ranfòse sans inite. Rekonesans pa sèlman selebre akonplisman yo, men li kreye yon anviwònman kote moun motive pou kontinye travay di.

Selebre chak ti etap yo, ranfòse lyen ki egziste nan mitan manm nan yon ekip epi mete aksan sou enpòtans pwogrè. Rekonesans, menm pou pi piti reyalizasyon an, kapab raple chak moun efò yo gen valè epi kontribye nan gran objektif la. Lè nou kenbe momentòm nan ak rekonesans, nou ka bati yon kilti kè kontan ak pèseverans, menm jan Neyemi te fè li a.

Pran tan jodiya pou rekonèt yon ti reyalizasyon ou fè nan lavi ou oswa nan travay ou. Selebre pwogrè sa, remèsye Bondye pou èd li, epi sèvi ak momentòm sa pou w kontinye avanse ak pasyon ak objektif.

LAPRIYÈ

Senyè, mèsi pou ti etap ou pèmèt nou franchi sou wout la. Ede nou selebre chak pwogrè epi rekonèt travay di moun ki bò kote nou. Bay nou fòs pou nou kontinye avanse ak nouvo enèji, paske nou konnen ak Ou, tout bagay posib. Nan non Jezi, Amèn.

APLIKASYON

Idantifye yon ti viktwa oswa yon etap ou franchi pou jodiya. Selebre li ak ekip ou, kòlèg ou, oswa pou kont ou. Pran moman sa pou reflechi sou chemen ou te fè deja epi kenbe momentòm lan pou kontinye pouswiv pi gran objektif ki devan ou.

OU TANDE VWA BONDYE?

ADAPTE NOUVO ESTRATEJI

(Paj 255-256 nan liv Neyemi leve e)

VÈSÈ KLE

"Pa janm bouke fè byen. Paske, si nou pa dekouraje, n'a rekòlte lè lè a va rive."

(Galasi 6:9, HCV)

Lè Neyemi te fè fas ak opozisyon nan men lenmi l yo, li pa te wè sa tankou yon fren, men tankou yon opòtinite pou inove epi adapte. Tan li abandone travay la, li te reyòganize ekip li a epi ekipe yo ak nouvo zouti, vire yon menas nan yon opòtinite pou kwasans. Li te di: *"Se konsa, depi lè sa a, mwatye nan sèvitè m yo t ap travay nan konstriksyon pandan lòt mwatye a te kenbe frenn yo."* (Neyemi 4:16).

Nan lidèchip, lè obstak parèt, li esansyèl pou chanje pèspektiv nou. Defi souvan pouse nou panse deyò bwat la epi jwenn nouvo fason pou avanse pou pi devan. Repons Neyemi a anseye nou pou nou rete fleksib ak kreyatif, lè l sèvi avèk advèsite tankou yon tiyo pou inovasyon. Defi yo nou fè fas ak yo nan lavi pèsonèl oswa pwofesyonèl nou yo ka etap nan devlope pi bon estrateji, zouti, ak apwòch.

Pandan n ap rankontre difikilte, nou dwe sonje pèseverans, ansanm ak adaptabilite, ap ede nou kenbe momentòm. Lè nou ranje estrateji nou yo epi rete pwoaktif, nou kontinye vanse, san nou pa dekouraje ak kontretan. Egzanp Neyemi a ankouraje nou pou nou fè sajès Bondye konfyans nan moman difisil yo epi jwenn fason pou n kontinye pwogrese nan objektif nou.

Ki defi nan lavi ou ou ka chanje poul tounen yon opòtinite pou kwasans? Pran yon ti moman pou w priye epi mande Bondye sajès pou ou adapte epi inove, avèk konfyans li pral gide w atravè nenpòt obstak.

LAPRIYÈ

Senyè, mèsi paske w montre nou defi yo se opòtinite pou grandi. Ede nou rete fleksib ak inovatè, pandan nap fè ou konfyans pou gidans nan chak sitiyasyon. Ranfòse rezolisyon nou epi bay nou sajès pou nou adapte nou ak nenpòt defi. Nan non Jezi, Amèn.

APLIKASYON

Idantifye yon defi w ap fè fas ak li nan moman an. Mande Bondye pou nouvo estrateji ak lide, epi fè yon plan pou adapte apwòch ou. Gade obstak la tankou yon chans pou inove ak grandi, epi aji pou venk li ak yon nouvo fòs epi ak kreyativite.

OU TANDE VWA BONDYE?

ADAPTE W EPI PWOSPERE
(Paj 256 nan liv Neyemi leve)

VÈSÈ KLE
"Pa janm bouke fè byen. Paske, si nou pa dekouraje, n'a rekòlte lè lè a va rive."

(Galasi 6:9, HCV)

Istwa siksè 300 ane biznis Folkes Group la demontre pouvwa adaptasyon. Li kòmanse tankou yon ferayè nan lane 1697, konpayi an vire atravè diferan endistri, soti nan manifakti pyès tren pou rive nan envesti nan byen imobilye ak finans. Siksè kontinyèl yo se nan kapasite yo pou anbrase chanjman.

Menm jan an tou, Neyemi te adapte estrateji li yo lè lenmi yo te menase konstriksyon miray la, sa ki te fè ekip li a pi rezistan ak kreyatif poutèt defi a jan nou ka li sa nan Neyemi 4:16 (HCV): *"Depi lè sa a, mwatye nan gason yo al nan travay, lòt mwatye a t'ap veye avèk frenn yo, pwotèj pou bra yo, banza yo ak gwo plak fè sou lestonmak yo pou pwoteje yo. Tout chèf yo te la dèyè pèp Jida a*

Chanjman ka souvan fè nou malalèz, men li se yon tiyo pwisan pou kwasans. Kapasite pou adapte se sa ki kenbe biznis, ministè, ak moun avanse pou pi devan menm lè gen defi. Neyemi pa te goumen kont difikilte yo; li te jwenn fason pou inove ak pwospere. Lè nou anbrase chanjman epi rete vijilan ak nouvo opòtinite, nou menm tou nou ka rete devan nan objektif nou yo epi kontinye bati nan direksyon siksè.

Lè w fè fas ak defi sanzatann, sonje fleksibilite se kle. Menm si ou pa ka kontwole sikonstans yo, ou ka ranje apwòch ou epi kontinye pwogrese. Sekrè a nan momentòm dirab se pa reziste chanjman, men se akeyi li epi sèvi ak li pou pran elan pou kwasans ou.

Reflechi sou chanjman kap rive nan antouraj ou nan moman sa yo. Kijan ou ka anbrase yo pou kwasans? Chwazi yon zòn pou inove oswa adapte jodiya epi kanpe nan lafwa, mete konfyans ou nan Bondye pou gide efò ou yo.

LAPRIYÈ
Papa, ede nou rete adaptab epi kreyatif devan defi yo. Aprann nou wè opòtinite pou kwasans ak inovasyon nan chak difikilte. Nou fè ou konfyans pou gide etap nou yo, paske nou konnen avèk sajès ou, nou ka kontinye vanse ak momentòm. Nan non Jezi, Amèn.

APLIKASYON

Reflechi sou yon domèn nan lavi w oswa travay ou kote ou ka adapte w ak sikonstans k ap chanje. Èske gen yon teknoloji, tandans, oswa estrateji ou te evite? Fè yon pa jodiya nan direksyon anbrase chanjman, konnen Bondye avèk ou pou gide ou epi fòtifye tèt ou ak sa.

OU TANDE VWA BONDYE?

ADRESE PWOBLÈM YO
(Paj 256-257 nan liv Neyemi leve)

VÈSÈ KLE
"Pa janm bouke fè byen. Paske, si nou pa dekouraje, n'a rekòlte lè lè a va rive."

(Galasi 6:9, HCV)

Neyemi te konprann enpòtans pou l rezoud pwoblèm yo anvan yo te vin pi grav. Lè li te aprann moun ki rich yo t ap eksplwate pòv yo, li te aji lamenm pou korije enjistis la. Li di: *Lè mwen menm, Neemi, mwen tande tout plent sa yo, tout pawòl sa yo, mwen te fache anpil. Lè m' fin kalkile bagay la byen nan kè m', mwen fè lide pa dòmi sou sa. Mwen denonse chèf yo, grannèg yo ak majistra yo. Mwen di yo se esplwate yap esplwate frè parèy yo. Mwen fè reyini tout moun pou diskite pwoblèm lan. Epi mwen di: -Nou fè sa nou te kapab pou nou te rachte frè jwif parèy nou yo ki te vann tèt yo bay moun lòt nasyon pou sèvi yo esklav. Kounyea, se nou menm jwif kap fòse jwif parèy nou vann tèt yo bay jwif parèy yo! Tout moun rete bouch pe, yo pa te gen anyen pou reponn nan sa."* (Neyemi 5:6-8, HCV).

Repons rapid li a te anpeche plis dega fèt epi kenbe entegrite travay la. Li te kare nan fason li te adrese pwoblèm nan, li te gen kapasite pou prezève momontòm nan pwojè rekonstriksyon an epi kenbe kominote a ini.

Ti pwoblèm yo, si yo pa jere yo, ka vin tounen gwo obstak. Kit nan relasyon, biznis, oswa kwasans pèsonèl, adrese pwoblèm bonè ede kenbe lapè ak pwogrè. Menm jan ak Neyemi, nou dwe aktif nan konfwonte defi epi jwenn solisyon, asire yo pa deraye momentòm nou an. Yon entèvansyon ki fèt alè ka ekonomize resous, tan, epi, sa ki pi enpòtan, relasyon yo.

Lè ou se lidè, li enpòtan pou ou evalye sitiyasyon yo byen bonè epi aji rapid. Pafwa li fasil pou inyore ti pwoblèm, panse yo pral rezoud tèt yo, men adrese yo byen vit ka anpeche estrès ak fristrasyon nan lavni. Menm jan Neyemi pa te kite sitiyasyon an vin pi mal, nou ta dwe aji yon fason desizif pou nou kenbe momentòm lan solid epi pou nou wè objektif nou yo.

LAPRIYÈ
Senyè, ede nou aji avèk sajès lè defi parèt. Bay nou kouraj ak disènman pou nou rezoud pwoblèm yo byen bonè, pou nou ka prezève lapè ak momentòm nou an. Se pou nou gen konfyans nan gidans Ou, menm nan sitiyasyon difisil pou nou konnen Ou la avèk nou pou jere tout sa nou fè fas ak yo. Nan non Jezi, Amèn.

APLIKASYON

Reflechi sou yon pwoblèm oswa defi nan lavi ou ki bezwen adrese nan moman an. Pran etap imedya pou konfwonte li, chèche sajès ak gidans nan men Bondye. Aji byen bonè ap ede w rete sou bon wout la epi evite konplikasyon ki pa nesesè.

OU TANDE VWA BONDYE?

14 Avril 2025 — BIB LA NAN YON LANE - 1 WA 6 – 1 WA 7

ADRESE PWOBLÈM KILTI TOKSIK LA
(Paj 257 nan liv Neyemi Leve)

VÈSÈ KLE
"Pa janm bouke fè byen. Paske, si nou pa dekouraje, n'a rekòlte lè lè a va rive."

(Galasi 6:9, HCV)

Lè ou se lidè, li esansyèl pou adrese pwoblèm entèpèsonèl paske yo gen yon enpak dirèk sou kilti a, ki ka swa sipòte oswa anpeche momentòm. Peter Drucker, yon konsiltan jesyon ki renome, te di: "Yon kilti toksik manje estrateji sou dan devan" Kèlkeswa jan plan yo oswa estrateji yo ka briyan, yon kilti toksik pral evantyèlman toufe pwogrè epi diminye efikasite. Lè moun pa antann yo, sa kreye yon anviwonman kote kwasans pa dirab.

Lè m te antre nan ministè pastoral, mwen te fè fas ak yon sitiyasyon kote de manm ekip lidèchip mwen an pa te pale youn ak lòt. Mwen t ap chèche konsèy nan men yon konseye, mwen te mande, "Konbyen nan yo ki pral kite ekip lidèchip la - yon sèl oswa toude?" Kesyon sa a te ede m reyalize konfli ki pa rezoud nan lidèchip ka gate tèt ansanm ak momentòm tout ekip la. Lè nou se lidè, nou dwe adrese pwoblèm sa yo san pèdi tan pou anpeche yo vin tounen kriz.

Nan nenpòt òganizasyon oswa ministè, pwoteje momentòm misyon an enpòtan anpil. Lidè yo gen responsablite pou yo adrese konfli entèpèsonèl rapidman, anvan yo afekte sante tout gwoup la. Nou pa ka pèmèt divizyon louvri kòl, paske li febli inite jeneral la. Momentòm pwospere nan anviwònman kote relasyon yo solid epi konfli yo rezoud byen vit.

"Fè tou sa nou kapab pou nou viv byen ak tout moun mezi nou wè nou ka fè li." (Women 12:18, HCV) fè nou sonje kreye lapè ak abòde konfli se responsablite nou. Lè nou aji pou retabli lapè, nou pwoteje momentòm misyon nou an.

LAPRIYÈ
Senyè, ede nou dirije ak sajès ak kouraj. Bay nou fòs pou nou adrese pwoblèm ki afekte sante ak kilti ekip nou yo. Ede nou kreye yon anviwonman tèt ansanm, kote volonte w ka fèt ak momentòm ak objektif. Nan non Jezi, Amèn.

APLIKASYON
Evalye kilti ekip ou oswa òganizasyon w lan. Èske gen konfli oswa pwoblèm ki bezwen adrese? Aji jodiya pou adrese yo, retabli lapè ak inite, epi asire misyon ou an ka kontinye avanse.

OU TANDE VWA BONDYE?

RETE KONSANTRE SOU MISYON AN
(Paj 257 nan liv Neyemi Leve)

VÈSÈ KLE
"Pa janm bouke fè byen. Paske, si nou pa dekouraje, n'a rekòlte lè lè a va rive."

(Galasi 6:9, HCV)

Kenbe momentòm mande yon konsantrasyon klè sou misyon an. Nan mitan defi, travayè Neyemi yo te kòmanse pèdi kè yo, kondisyon difisil yo ak menas lenmi yo te tankou yon chay sou do yo. Yo te plenyen pou dekonb yo epi yo te pè pou lavi yo, men Neyemi te fè yo sonje ki gwo objektif ki te dèyè efò yo. Li te konnen kenbe misyon an nan tèt ou tap bay fòs yo ankò.

Repons Neyemi te estratejik. Li te ame pèp la e li te fè yo sonje enpòtans travay yo genyen. Li te di yo: *"Lè m' wè pèp la te gen kè sote, mwen leve, mwen pale ak chèf yo ak majistra yo ak tout rès pèp la, mwen di yo: -Nou pa bezwen pè moun sa yo! Chonje jan Seyè a gen pouvwa, jan li fè moun pè l'. Ann goumen pou moun menm ras ak nou yo, pou pitit fi nou yo, pou pitit gason nou yo, pou madanm nou yo ak kay nou yo."* (Neyemi 4:14 HCV). Li te fè yo sonje yo t ap bati non sèlman pou pwòp benefis yo, men tou pou onè Bondye ak avni fanmi yo.

Li fasil pou nou menm lidè distrè ak defi ki parèt pandan travay nou. Kit se konba Kap pase anndan nou oswa presyon ki sòti deyò, nou dwe rete kole nan objektif misyon nou an.

Lè w fè fas ak tèt chaje, konsantre sou objektif final la. Kit ou ap dirije yon biznis, yon ministè, oswa yon ekip, kenbe misyon an devan an pral bay klète, fòs, ak rezolisyon.

LAPRIYÈ
Senyè, mèsi paske w fè nou sonje objektif ki dèyè travay nou an. Ede nou rete konsantre sou misyon ou mete devan nou an, sitou nan moman dekourajman. Ranfòse rezolisyon nou pou nou kontinye ak lafwa, paske nou konnen sa n ap fè a gen enpòtans pou letènite. Nan non Jezi, Amèn.

APLIKASYON
Reflechi sou misyon ou jodiya—swa pèsonèl swa pwofesyonèl. Èske ou fè l tounen priyorite nan aksyon ou ak desizyon ou? Lè defi parèt, fè tèt ou ak ekip ou sonje pi gwo objektif n ap travay pou li a. Kite vizyon sa a relanse momentòm ou.

OU TANDE VWA BONDYE?

KENBE FÈM NAN TAN DIFISIL YO

(Paj 259 liv Neyemi Leve)

VÈSÈ KLE

"Pa janm bouke fè byen. Paske, si nou pa dekouraje, n'a rekòlte lè lè a va rive."

(Galasi 6:9, HCV)

Sou chimen lafwa nou, nap rankontre defi kanmèm. Se nan moman konsa tenasite pa sèlman vle di avanse ; li se yon kapasite ki pèmèt nou kenbe andirans ; devouman, epi fè Bondye konfyans menm lè lavi a prezante obstak.

Nan 2 Korent 12 : 9 (HCV), Pòl fè on refleksyon sou kijan gras Bondye te sifi pou li, menm nan feblès li : *"Chak fwa, li reponn mwen: Se favè m' ase ou bezwen. Paske lè ou fèb, se lè sa a moun wè pouvwa mwen nan ou. Se poutèt sa, nan fon kè m', mwen pito pale sou feblès mwen pou pouvwa Kris la ka mete m' anba zèl li."* Sa se kè tenasite - pou fòs ou pa depann sou kapasite ou men nan gras Bondye.

Nan moman di yo, kouraj se yon bon konpay ki ka prezève lavi ou. Winston Churchill te di yon jou: *"Siksè se pa yon finalite, echèk pa fatal : se kouraj pou kontinye ki konte"*. Sòm 34 : 17 (HCV) bay nou asirans sa a: *"Lè moun ki mache dwat yo rele l', li tande yo. Li wete yo anba tray."* Avèk kouraj ki anrasine nan lafwa nou, nou afwonte opozisyon tèt leve, nou konnen Bondye ap mache avèk nou, epi ap gide nou nan tout defi.

Pandan nap avanse avèk lafwa nou, ann chwazi rete djanm e angaje. Lè difikilte yo ap monte, se yon opòtinite pou nou montre tenasite nou e konfyans nou nan Bondye ki fidèl la. Se pou tèt chaje nou yo sèvi temwanyaj pèseverans, pandan nou konnen Bondye toujou ak nou, lap transfòme nou nan chak defi. Jodiya, chwazi kanpe fèm, kanpe sou gras Bondye, kite fòs ou tounen yon kanal pou Laglwa Li.

LAPRIYÈ

Papa nou ki nan syèl la, mèsi pakse fòs ou pèmèt nou fè fas ak tout defi. Ede nou lage kò nou sou gras ou, pa sous pwòp fòs nou. Lè difikilte yo rive, se pou nou gen kouraj pou nou kontinye, nou konnen Ou toujou ak nou. Nan non Jezi , Amèn.

APLIKASYON

Jodiya, lè nap fè fas ak defi, nou fè tèt nou sonje pwomès Bondye. Tan nou fokis sou pwoblèm yo, an nou pito rete fokis sous fòs ak gras Li. Fè yon pa pi devan nan lafwa, konnen pèseverans mennen nan kwasans ak viktwa nan kris.

OU TANDE VWA BONDYE?

17 Avril 2025 — Bib la nan yon lane - 1 Wa 12 – 1 Wa 13

KÈK MODÈL TENASITE DEVAN ADVÈSITE
(Paj 259 Liv Neyemi Leve)

VÈSÈ KLE
"Pa janm bouke fè byen. Paske, si nou pa dekouraje, n'a rekòlte lè lè a va rive."

(Galasi 6:9, HCV)

Tenasite se yon fòs pwisan pou konbat obstak epi kontinye avanse malgre difikilte. Se kapasite pou pèsiste menm lè wout la sanble bloke. Nou li nan Jan 1:1 (HCV) : *"Benediksyon pou moun ki sipòte eprèv li ak pasyans. Lè la fin pase anba eprèv yo, la resevwa pou rekonpans lavi Bondye te pwomèt tout moun ki renmen li yo"*

Nan tout listwa, nou wè moun ki distenge tèt yo ak tenasite devan opozisyon. Martin Luther King Jr te batay kont enjistis rasyal, menm lè li tap fè fas ak menas lanmò, li tap chèche egalite ak yon rezistans ki te fèt nan lapè. Malala Yousafzai, apre Taliban yo te tire sou li, te kontinye defann edikasyon tifi yo, sa fè li te pran pri nobèl la. Moun sa yo montre tenasite tout bon vre se pa sèlman viv men kanpe fèm pou yon kòz ki pi gran pase yo.

Anprizònman Nelson Mandela pou 27 lane pa te fè vizyon li pou yon Afrikdisid lib e egal kanpe. Lè yo lagel, li te vin premye prezidan nasyon an ki te eli demokratikman. Menm jan an tou Marie Curie te kraze baryè dominans gason nan domèn la syans, li tap dekouvri eleman pandan li tap fè fas ak prejidis. Tou de moun sa yo se bon egzanp pouvwa pèseverans, yo montre menm nan mitan soufrans ak advèsite, bon bagay ka akonpli ak yon devouman san fay pou on kòz.

Pandan nap reflechi sou egzanp pwisan sa yo, an nou angaje nou pou nou kanpe djanm nan lafwa ak nan objektif nou. Kèlkeswa defi nap fè fas ak yo, Bondye ak nou nan tout pa sou chimen an. An nou makonnen ak tenasite, avanse ak lavi nou, pandan nou konnen pèseverans nou ka mennen nou nan pi gran objektif ak enpak.

LAPRIYÈ
Bondye mèsi pou egzanp tenasite nou wè nan lòt yo. Ede nou rete fèm nan lafwa nou e angaje nan objektif ou bay nou. Bay nou kouraj pou nou pèsevere nan mitan defi yo, pandan nou konnen ou ak nou nan chak pa sou chimen an. Nan non Jezi, Amèn.

APLIKASYON

Lè nap fè fas a obstak jodiya, sonje egzanp moun ki pèsevere yo. Reflechi sou fòs ak rezilyans yo. Fè Bondye konfyans, lap sèvi ak defi yo pou li bat karaktè ou pou li mennen ou nan pi gran bagay. Fè on pa pi devan nan lafwa, sonje pèseverans ap mennen nan laviktwa.

OU TANDE VWA BONDYE?

KIJAN YO JERE OPOZISYON
(Paj 260 nan liv Neyemi Leve)

VÈSÈ KLE
"Pa janm bouke fè byen. Paske, si nou pa dekouraje, n'a rekòlte lè lè a va rive."

(Galasi 6:9, HCV)

Opozisyon ka pran plizyè fòm—kritik, pase nan betiz, rejè, oswa menm sabotaj. Kit sa soti nan konpetitè, kritik, oswa menm moun ou renmen, li ka difisil pou jere. Neyemi te fè fas ak sa lè li te kòmanse rebati miray Jerizalèm yo. Nan Neyemi 2:1 (HCV), nou li, *"Men, lè Sanbala, moun lavil Bèt-Owon, ak Tobija, yon moun peyi Amon ki t'ap travay nan gouvènman an, vin konnen te gen yon nonm ki te vin travay pou byen pèp Izrayèl la, sa te gate san yo anpil."*

Opozisyon te leve lè Neyemi te aji pou li ede pèp li a. Malgre opozisyon an, Neyemi te rete konsantre sou misyon li. Pase pou li te kite kritik oswa dekourajman blokel, li te kenbe je l sou objektif la. Nan Neyemi 4:6 (HCV), li di, *"Se konsa, nou t'ap rebati ranpa a. Anvan lontan, ranpa a te gen tan rive nan mwatye wotè, paske pèp la te soti pou l' te fè travay la"*. Detèminasyon Neyemi se te kle pou li genyen sou opozisyon an. Li pa te kite negativite oswa atak lòt moun deraye objektif li. Li te chwazi pou l rete angaje nan vizyon li epi li te gen konfyans nan gidans Bondye.

Nou tout pral fè fas a opozisyon nan kèk pwen nan lavi nou, kit li soti nan fòs deyò oswa menm moun ki pwòch nou. Men, menm jan ak Neyemi, nou dwe rete fèm. Sòm 56:3 (HCV) fè nou sonje, *"Bondye ki anwo nan syèl la, lè mwen pè, se nan ou mwen mete tout konfyans mwen"*

Nan moman opozisyon, sonje Bondye bò kote w. Rete fèm nan objektif ou epi mete konfyans ou nan fòs li pou travèse ak ou. Jodiya, chwazi fè fas ak opozisyon ak lafwa ak detèminasyon san fay, sonje Bondye ak ou nan chak etap sou chemen an.

LAPRIYÈ
Senyè, ede m rete konsantre sou objektif Ou pou lavi m, menm lè m fè fas ak opozisyon. Bay mwen fòs pou m pèsevere ak sajès pou m mete konfyans nan gidans ou. Ede m rete fèm nan lafwa mwen, poum sonje Ou pi gran pase nenpòt defi. Nan non Jezi, Amèn.

APLIKASYON

Lè opozisyon parèt, pran yon ti moman pou w pran yon poz epi priye pou w jwenn fòs ak klète. Reflechi sou objektif Bondye ba ou a. Avèk lafwa, pouse pou pi devan epi kite aksyon w yo vin yon temwayaj sou pouvwa li pou li kraze tout obstak yo.

OU TANDE VWA BONDYE?

JERE DOUT AK OPOZISYON AK LAFWA
(Paj 260 nan liv Neyemi leve)

VÈSÈ KLE
"Pa janm bouke fè byen. Paske, si nou pa dekouraje, n'a rekòlte lè lè a va rive."

(Galasi 6:9, HCV)

Neyemi te fè fas ak gwo opozisyon nan men moun ki te gen dout nan misyon li pou rebati miray Jerizalèm. Nan Neyemi 2:19 (HCV), nou li, *Men, lè Sanbala, moun lavil Bèt-Owon an, Tobija, moun Amon ki t'ap travay nan gouvènman an, ak Gechèm, arab la, vin pran nouvèl la, yo ri nou kont kò yo, epi yo pase nou nan kont betiz yo...*" Malgre yo pasel nan betiz epi jourel, Neyemi te rete konsantre sou objektif li. Lè lòt moun gen dout sou nou oswa pase rèv nou yo nan rizib, nou dwe sonje apèl Bondye a pi gran pase sa lòt moun panse.

Opozisyon Neyemi te rankontre yo te vin pi plis pandan lenmi l yo t ap chèche sabote travay la ak menas ak fo akizasyon. Nan Neyemi 4:3 (HCV), Tobija te pasel nan betiz, *"Tobija, moun peyi Amon an, te kanpe bò kote Sanbala. Li t'ap di: -Anhan! Y'ap rebati! Kite yon chat mawon vole sou miray wòch yo a, sa kont pou jete l' atè!."* Malgre atak pèsonèl sa yo, Neyemi pa te kite kritik yo deraye efò li yo. Li te kontinye dirije pèp li a ak detèminasyon, li te fè Bondye konfyans pou l gen fòs. Nou menm tou nou dwe rete konsantre epi fleksib lè nou fè fas ak atak san rezon.

Neyemi te rankontre plis pwoblèm toujou, tankou fo pwofesi ki te fèt pou kreye panik. Nan Neyemi 6:10-14, li te reprimande yon fo pwofèt. Li te fè fas ak difamasyon tou, pandan lenmi yo gaye manti sou entansyon li pou l vin wa (Neyemi 6:5-7). Poutan, Neyemi te kontinye fè Bondye konfyans epi li pa te kite obstak sa yo anpeche l fini misyon l. Pwovèb 12:19 (HCV) d*i, "Manti la pou yon ti tan. Men, verite la pou tout tan tout tan"* Li te pèsevere, li te konnen verite ak lafwa t ap domine.

Nou menm lidè ki kwè nan Bondye, nou gen apèl pou jere opozisyon yo ak favè ak fòs. Egzanp Neyemi an montre nou pa ta dwe sezi devan defi, men nou dwe fè fas ak yo yon fason ki dirèk, pandan nap konfye nou sou gidans Bondye. Jodiya, chwazi kenbe fèm nan lafwa w epi kontinye vanse nan objektif ou, kèlkeswa obstak ki parèt.

LAPRIYÈ

Senyè, ede m rete djanm, poum pa bite lè map fè fas ak dout ak opozisyon. Bay mwen sajès pou m jere kritik ak fo akizasyon avèk gras, ak fòs pou m kontinye avanse nan objektif Ou. Nan non Jezi, Amèn.

APLIKASYON

Lè w rankontre opozisyon jodiya, sonje egzanp Neyemi an. Gen konfyans Bondye ap bay ou fòs pou w jere tout obstak. Rete fèm nan objektif ou epi kite lafwa ou vin yon temwayaj sou pouvwa Bondye genyen pou l genyen batay la.

OU TANDE VWA BONDYE?

BIB LA NAN YON LANE - 1 WA 19 - 1 WA 21

NOU DWE KONNEN OPOZISYON GEN POU VINI
(Paj 261 nan liv Neyemi Leve)

VÈSÈ KLE
"Pa janm bouke fè byen. Paske, si nou pa dekouraje, n'a rekòlte lè lè a va rive."

(Galasi 6:9, HCV)

Neyemi te konprann opozisyon t ap vini. Nan Neyemi 2:12, li di: *"Apre sa, mwen leve nan mitan lannwit, mwen pran kèk moun pa m' avè m'. Mwen pati san m' pa di pesonn sa Bondye te ban m' lide fè pou lavil Jerizalèm..."* Li te konnen depi pawòl misyon li pou rebati miray la te komanse pale, opozan yo t ap leve. Neyemi te konnen genyen posiblite pou gen opozisyon, sa te ede l prepare mantalman ak espirityèlman pou l fè fas ak li.

Menm jan ak Neyemi, lè nou antre nan yon bagay ki vo lapenn, nou ta dwe atann moun kritike. Aristòt te di yon fwa, "Sèl fason pou evite kritik se pa fè anyen, pa di anyen, epi pa gen anyen." Ou pa ka evite kritik sitou lèw genyen objektif ki enpòtan. Nou pap janm ka fè tout moun plezi, men nou ka gen asirans apèl nou ak objektif nou pi gwo pase opozisyon n ap fè fas ak yo. Li pi bon pou w prepare w pou opozisyon pase pou w kite l baw kou sezi.

Kritik ka vini sou plizyè fòm, li ka soti nan moun ki pa konprann vizyon nou an oswa nan men moun pwogrè nou an menase. Men, nou dwe sonje opozisyon se souvan yon siy nou sou bon chimen an. Nan Women 8:31 (HCV), Pòl fè nou sonje: *"Kisa n'a di ankò sou pwen sa a? Si Bondye pou nou, kilès ki ka kont nou?"* Lè nou kenbe fèm nan apèl la, nou gen pwoteksyon ak fòs li pou reziste nenpòt atak.

Pase nou pè opozisyon, nou ta dwe fè fas ak li avèk konfyans, paske nou konnen Bondye avèk nou. Jodiya, prepare kè w pou w jere nenpòt kritik oswa opozisyon ki ka vin sou ou, ak konfyans Bondye ap gide w nan tout bagay sa yo.

LAPRIYÈ
Senyè, ede m rete djanm ak fèm lè opozisyon an parèt. Aprann mwen anbrase kritik ak favè ak konfyans Ou avèk mwen nan chak etap sou wout la. Bay mwen sajès pou m rete konsantre sou objektif ou bay mwen an. Nan non Jezi, Amèn.

APLIKASYON
Lè kritik vini, pran yon poz epi reflechi sou objektif ou. Tan pou w dekouraje, sèvi ak opozisyon an tankou gaz pou w avanse. Gen konfyans Bondye ap sèvi ak chak grenn defi pou ranfòse detèminasyon w epi ede w grandi.

OU TANDE VWA BONDYE?

VEYE EPI PRIYE

(Paj 261 liv Neyemi Leve)

VÈSÈ KLE

"Pa janm bouke fè byen. Paske, si nou pa dekouraje, n'a rekòlte lè lè a va rive."

(Galasi 6:9, HCV)

Lapriyè se fondasyon siksè, men se pa sèl limenm ki ladan. Neyemi te modèl balans sa a lè l te priye epi l te prepare. Li te di: *"Men, nou lapriyè Bondye nou an, epi nou mete moun ap veye lajounen kou lannwit, pou pwoteje nou"* (Neyemi 4:9, HCV). Menmsi lapriyè mande Bondye aji, sa pa vle di pou nou pa fè anyen. *Lafwa san aksyon pa mache* (Jak 2:17). Neyemi te priye, men li te pran prekosyon tou.

Pwoteksyon Bondye a pa eskize parès oswa neglijans. Nou dwe asosye lapriyè ak responsablite pratik. Neyemi te mete gad pou veye kont danje, li montre vijilans se yon pati nan fidelite. Menm Jan Benjamin Franklin te note avèk sajès, "Vijilans se pri sekirite." Lè nou konfye enkyetid nou yo bay Bondye, nou ta dwe fè dilijans pou nou fè pati pa nou, pandan nap asire nou onore gidans li nan aksyon nou yo.

Preparasyon fidèl montre konfyans nan dispozisyon Bondye a. Jezi li menm te anseye balans sa a lè li te ankouraje disip li yo pou yo "veye epi priye" (Matye 26:41). Lè nou marye lapriyè ak preparasyon, nou montre nou gen konfyans nan pouvwa Bondye pandan n ap akonpli wòl nou nan plan li yo. Lafwa tout bon vre pa sèlman chita tann; li aji yon fason desizif, li konte sou Bondye pou beni efò nou yo.

Jodiya, angaje w pou w asosye lapriyè w yo ak aksyon. Priye sensèman, men tou, pran mezi pratik pou pwoteje sa ki enpòtan. Mande Bondye sajès, epi apresa travay avèk dilijans pou sa li mete nan kè w.

LAPRIYÈ

Senyè, aprann mwen balanse lapriyè ak preparasyon. Ede m rete fidèl nan chèche gidans Ou epi dilijan nan aji avèk responsablite. Bay mwen sajès pou m pran prekosyon ki nesesè yo nan tout domèn nan lavi m. Nan non Jezi, Amèn.

APLIKASYON

Idantifye yon zòn nan lavi ou kote lapriyè bezwen asosye ak aksyon. Fè ton bagay espesifik jodiya pou prepare oswa pwoteje sa ki enpòtan. Fè Bondye konfyans pou l beni efò w yo pandan w ap travay avèk lafwa.

OU TANDE VWA BONDYE?

LAFWA AK AKSYON MACHE MEN NAN MEN
(Paj 261-262 liv Neyemi Leve)

VÈSÈ KLE
"Pa janm bouke fè byen. Paske, si nou pa dekouraje, n'a rekòlte lè lè a va rive."

(Galasi 6:9, HCV)

Lè w ap fè gwo bagay pou Bondye, ou mèt konnen wap rantre nan lagè espirityèl. Menm jan Jil Seza te di, "Nan lagè, vijilans se pi bèl kalite". Bib la fè nou sonje: *"Kenbe tèt nou anplas, rete sou prigad nou. Paske dyab la, lenmi nou an, ap veye nou tankou yon lyon ki move, k'ap chache moun pou l' devore"* (1 Pyè 5:8, HCV). Neyemi te konprann prensip sa a e li te vijilan nan lapriyè, nan planifikasyon ak nan pwoteksyon travay li, paske li te konnen lafwa mande preparasyon espirityèl ak pratik.

Neyemi te dirije avèk sajès, li te fè travayè yo ap bati pandan lòt moun t ap veye vil la. Li te ekri: *"Depi lè sa a, mwatye nan gason yo al nan travay, lòt mwatye a t'ap veye avèk frenn yo, pwotèj pou bra yo, banza yo ak gwo plak fè sou lestonmak yo pou pwoteje yo. Tout chèf yo te la dèyè pèp Jida a ki t'ap rebati ranpa a. Tout moun ki t'ap bwote materyo te gen zam tou. Yo t'ap travay ak yon men, nan lòt men an yo te kenbe zam yo."* (Neyemi 4:16-17, HCV). Lidèchip Neyemi a anseye nou pou nou balanse konfyans nan Bondye ak aksyon dilijan. Pandan nou konte sou pouvwa Bondye a, nou dwe pran mezi pwoaktif tou pou defann ak jere sa li te konfye nou.

Lafwa ak aksyon mache men nan men. Neyemi te ame pèp li a ak pi bon zouti nan epòk la, sa ki montre vijilans se yon pati esansyèl nan lafwa. Kit nap pwoteje fanmi nou, kominote nou yo, oswa nap pouswiv apèl Bondye, nou dwe asosye lapriyè ak preparasyon. Lafwa san travay pa konplè (Jak 2:17). Bondye ekipe nou ak sajès ak resous pou pèsevere nan defi, men se responsablite nou pou sèvi ak yo yon fason efikas.

Jodiya, pran angajman pou w rete vijilan nan lapriyè ak nan aksyon. Priye sou objektif ou, men tou, pran mezi pratik pou fè ak pwoteje sa Bondye te rele ou bati. Kite lafwa ou enspire preparasyon, epi kite preparasyon ou reflete konfyans ou nan Bondye.

LAPRIYÈ
Senyè, anseye m pou m vijilan ni nan lapriyè ni nan aksyon. Ede m fè w konfyans pou fòs pandan w ap ekipe m pou m pase etap pratik nan akonpli objektif ou. Kenbe m fèm nan lafwa ak dilijans nan efò m yo. Nan non Jezi, Amèn.

APLIKASYON

Idantifye yon zòn nan lavi ou kote lafwa ak aksyon bezwen aliyen. Kreye yon plan pou priye toutan pandan wap pran etap espesifik ak pratik pou pwoteje oswa pouswiv misyon Bondye ba w la. Rete vijilan epi fè Bondye konfyans pou gide wout ou.

OU TANDE VWA BONDYE?

OU PA BEZWEN PÈ
(Paj 262 liv Neyemi Leve)

VÈSÈ KLE
"Pa janm bouke fè byen. Paske, si nou pa dekouraje, n'a rekòlte lè lè a va rive."

(Galasi 6:9, HCV)

Lè Neyemi te wè laperèz ki t ap anvayi kè pèp la, li te deklare: *"Nou pa bezwen pè moun sa yo...."* (Neyemi 4:14, HCV). Kouraj se pa yon emosyon men se yon chwa pou aji malgre laperèz. Winston Churchill te di avèk sajès, "Pesimis la wè difikilte nan chak opòtinite. Optimis la wè opòtinite nan chak difikilte." Pawòl Neyemi yo fè nou sonje pou nou rete fèm, pou nou mete konfyans nou nan pwomès Bondye yo e pou nou konsantre nou sou rekonpans nan pase nou konsantre sou defi nou rankontre yo.

David te demontre mantalite sa a lè li te rankontre Golyat. Pandan lòt moun t'ap kouri ak laperèz, David mande: *"....Kisa y'a bay moun ki va touye sòlda Filisti a, moun ki va wete pèp Izrayèl la nan gwo wont sa a....."* (1 Samyèl 17:26, HCV). Li pa te konsantre sou gwosè jeyan an oswa fòs li, men sou opòtinite pou fè lwanj Bondye. Menm jan ak David, nou dwe fòme je nou pou nou wè opòtinite nan defi yo epi nou dwe gen konfyans Bondye ap goumen pou nou.

Laperèz natirèl, men li pa dwe kontwole nou. Kouraj baze sou lafwa Bondye pi gran pase nenpòt obstak. Lè opozisyon leve, sonje chak pwoblèm pote yon benediksyon potansyèl. Pawol la ankouraje nou, *"Se pou nou vanyan. Se pou nou mete gason sou nou! Nou pa bezwen pè. Pa tranble lè yo parèt devan nou. Seyè a, Bondye nou an, kanpe la avèk nou. Li p'ap janm lage nou, li p'ap janm kite nou pou kont nou."* (Detewonòm 31:6, HCV). Avanse, konnen Bondye avèk ou.

Chwazi lafwa nan plas laperèz jodiya. Fè fas ak defi w yo avèk konfyans, paske w konnen objektif Bondye pou lavi ou ap genyen. Deplase konsantrasyon w soti nan obstak yo ale nan opòtinite yo, epi kite pwomès li yo ankouraje kè w. Gen yon pri nan chak pwoblèm si ou vle fè li konfyans epi pouse pou pi devan.

LAPRIYÈ
Senyè, ede m fè fas ak defi yo ak kouraj ak lafwa, pandan mwen mete konfyans mwen nan pwomès Ou yo. Ranfòse m pou m wè opòtinite nan difikilte epi pou m aji avèk fòs konviksyon pou glwa w. Nan non Jezi, Amèn.

APLIKASYON

Idantifye yon pè ki kenbe ou dèyè. Pran angajman pou priye sou sa epi pran yon etap nan lafwa pou konfwonte li. Konsantre sou pwomès Bondye yo ak opòtinite li mete devan ou.

OU TANDE VWA BONDYE?

24 Avril 2025 BIB LA NAN YON LANE - 2 WA 8 – 2 WA 9

LAFWA FÈ NOU GEN KRAN
(Paj 263 liv Neyemi Leve)

VÈSÈ KLE
"Pa janm bouke fè byen. Paske, si nou pa dekouraje, n'a rekòlte lè lè a va rive."

(Galasi 6:9, HCV)

Lè douz espyon yo te retounen apre yo t ap chèche Latè pwomiz la, dis ladan yo te fè rapò ak laperèz, yo te dekri jeyan yo tankou yo pa te ka fayi. Yo te di, *".....Devan moun sa yo se krebete nou ye, tèlman nou piti...."* (Resansman 13:33, HCV). Pèspektiv yo te revele dout ak yon mank lafwa. Poutan, Kalèb ak Jozye te wè bagay yo yon fason diferan, yo te konsantre sou pwomès ak pouvwa Bondye pase yo te konsantre sou pwòp limit yo. Repons yo fè nou sonje pou nou fikse je nou sou Bondye pase sou laperèz nou.

Deklarasyon lafwa Kalèb fè a se yon modèl pou nou: *"Si Seyè a vle fè sa pou nou, l'ap fè nou antre nan peyi a, l'ap bay nou li. Se yon peyi ki rich anpil, yon peyi kote lèt ak siwo myèl koule tankou dlo. Sèlman, pa kenbe tèt ak Seyè a! Nou pa bezwen pè moun k'ap viv nan peyi sa a. N'ap manje yo tankou kann. Bondye ki t'ap pwoteje yo a kouri mete deyò. Men Seyè a kanpe la avèk nou. Nou pa bezwen pè yo."* (Resansman 14:8-9, HCV). Pandan lòt yo te wè defèt, Kalèb te wè viktwa paske li te gen konfyans nan prezans Bondye ak pwomès li. Lafwa pèmèt nou wè defi tankou opòtinite pou Bondye travay.

Pèspektiv sa a repete nan konfwontasyon David te genyen ak Golyat. Pandan lòt moun te wè yon jeyan ki te twò gwo pou yo bat, David te wè yon jeyan ki te twò gwo pou l rate paske li te fè Bondye konfyans pou delivre l. Lafwa redefini sikonstans nou. Pase pou nou wè tèt nou tankou viktim lenmi an, nou ka wè li tankou yon lenmi ou bat anba pouvwa Bondye. Kalèb, Jozye ak David te konprann prezans Bondye chanje tout bagay.

Ki jeyan ou ap fè fas ak li jodiya? Pa wè yo ak je laperèz men nan lantiy lafwa. Sonje, Senyè a avèk ou, e pwomès li yo sèten. Mete konfyans ou nan li pou ou pote viktwa. Pran yon pa nan lafwa, menm jan Kalèb, Jozye ak David te fè, epi gade li kap fè batay ou yo tounen pen pou kwasans ou.

LAPRIYÈ
Senyè, ede m wè defi ak je lafwa. Fè m sonje ou la avèk mwen, e pa gen anyen ki enposib pou ou. Ranfòse kè m pou m mete konfyans nan pwomès Ou yo epi aji avèk fòs konviksyon pou glwa Ou. Nan non Jezi, Amèn.

APLIKASYON

Reflechi sou yon zòn kote laperèz te kenbe ou. Pase tan nan lapriyè, mande Bondye pou ranfòse lafwa ou. Jodiya, fè yon pa pou konfwonte defi sa a, gen konfyans nan pwomès li yo ak pwovizyon li.

OU TANDE VWA BONDYE?

25 Avril 2025 — BIB LA NAN YON LANE - 2 WA 10 – 2 WA 13

EVITE DISTRAKSYON

(Paj 263 nan liv Neyemi Leve)

VÈSÈ KLE

"Pa janm bouke fè byen. Paske, si nou pa dekouraje, n'a rekòlte lè lè a va rive."

(Galasi 6:9, HCV)

Neyemi te fè fas ak distraksyon pèsistan nan men advèsè ki t ap chèche deraye misyon li. Kat fwa yo te mande yon reyinyon, e kat fwa Neyemi te refize, li di: *"Mwen ap fè yon gwo travay, pou m pa ka desann. Poukisa travay la ta dwe sispann pandan m ap kite l pou m desann vin jwenn ou?"* (Neyemi 6:3, HCV). Neyemi te konprann enpòtans pou l rete konsantre sou travay Bondye te ba li a e li te refize kite distraksyon retire li nan objektif li.

Charles Fensham, nan kòmantè li a, soulve yon pwen ki fè reflechi: si Neyemi te dakò rankontre lidè sa yo, sa te ka mal entèprete tankou kolaborasyon ak lenmi Anpi Pès la. Sa montre sajès disènman nan lidèchip. Lè Neyemi te refize sa te non sèlman prezève entegrite misyon li an, men tou te pwoteje l kont fo akizasyon. Kenbe liy ou souvan mande pou di "non" nan sa ki sanble ijan men finalman ki pa enpòtan.

Menm jan ak Neyemi, nou dwe disène distraksyon ki genyen nan lavi nou. Se pa tout opòtinite oswa envitasyon ki nan amoni ak objektif Bondye pou nou. Lenmi a souvan sèvi ak taktik anba chal pou detounen nou nan travay Bondye te rele nou pou fè a. Lè nou rete fèm, nou fè moun k ap chèche fè nou mal oswa dekouraje nou wont. Pèsistans Neyemi sèvi tankou yon rapèl pou kontinye vanse, fè Bondye konfyans pou jere opozisyon an.

Èske w ap fè fas ak distraksyon oswa opozisyon nan vwayaj ou a ? Angaje jodiya pou kontinye avanse. Konsantre sou "gwo travay" Bondye te konfye w la, epi refize kite moun ki vle wè w echwe fè w pèdi wout ou. Kite detèminasyon w fè lwanj Bondye epi fè kritik yo silans.

LAPRIYÈ

Senyè, ede m rete konsantre sou travay ou rele m pou m fè a. Bay mwen disènman pou m rekonèt distraksyon ak kouraj pou m di non lè sa nesesè. Se pou pèseverans mwen glorifye Ou epi enspire lòt moun pou yo mete konfyans nan fidelite Ou. Nan non Jezi, Amèn.

APPLICATION

Idantifye yon zòn nan lavi w kote distraksyon ap retire w nan objektif Bondye. Mete limit klè jodiya, asire w tan ou ak enèji ou rete konsantre sou sa ki enpòtan tout bon vre. Fè Bondye konfyans pou l jere opozisyon an pandan w ap kontinye vanse.

OU TANDE VWA BONDYE?

KONTINYE TRAVAY LA MALGRE TOUT BAGAY
(Paj 264 nan liv Neyemi Leve)

VÈSÈ KLE
"Pa janm bouke fè byen. Paske, si nou pa dekouraje, n'a rekòlte lè lè a va rive."

(Galasi 6:9, HCV)

Neyemi te fè fas ak opozisyon san rete nan misyon li pou rebati miray Jerizalèm nan. Yo te voye jouman, konplo, ak fo akizasyon, men li te rete fèm. *"Lè lènmi nou yo wè nou te konnen sa yo t'ap konplote a, yo vin konprann Bondye te soti pou gate plan yo. Apre sa, nou tounen al travay nan miray ranpa a, chak moun bò pa yo."* (Neyemi 4:15). Menm jan ak Neyemi, nou dwe pèsiste, paske nou konnen Bondye ka anile tout konplo kont objektif li.

Opozisyon ka sanble akablan, men se pa yon rezon pou ou kanpe. Yon fwa, Martin Luther King Jr. te di elèv li yo, "Si ou pa ka vole, kouri, si ou pa ka kouri, mache, si ou pa ka mache, rale, men kèlkeswa sa ou fè, ou dwe kontinye vanse." Pawòl li yo tonbe daplon ak detèminasyon Neyemi te montre. Pwogrè pa bezwen rapid; li jis bezwen kontinye, etap apre etap, nan lafwa ak pèseverans.

Lè w fè fas ak kritik ak advèsite, sonje travay ou pou Bondye gen yon siyifikasyon pou tout letènite. Egzanp Neyemi a montre nou pèseverans souvan nève lenmi an epi glorifye Bondye. Chak brik ki te mete sou miray sa a se te yon temwayaj sou pouvwa Bondye ak obeyisans Neyemi. Menm jan an tou, chak ti pa nou fè nan lafwa se yon viktwa kont opozisyon an. Kontinye avanse, gen konfyans nan pwoteksyon ak pwovizyon Bondye.

Kèlkeswa defi ki parèt, angaje w nan travay Bondye rele w pou w fè a. Priye, planifye, epi aji avèk yon detèminasyon san rete. Fè yon etap pi devan jodiya, kèlkeswa jan li ti kras, epi kite pèsistans ou briye tankou yon temwayaj sou fidelite Bondye nan lavi ou.

LAPRIYÈ
Senyè, ede m rete fèm nan travay ou rele m pou m fè a. Bay mwen fòs pou m demonte opozisyon ak kouraj pou m fè plan ou konfyans. Kite pèseverans mwen glorifye Ou epi enspire lòt moun. Nan non Jezi, Amèn.

APLIKASYON
Idantifye yon travay oswa yon objektif ou te ezite pou pouswiv poutèt kritik oswa opozisyon. Fè yon ti etap entansyonèl jodiya, avèk konfyans Bondye ap gide w epi fòtifye w pandan w ap kontinye travay li te mete nan men w nan.

OU TANDE VWA BONDYE?

PA LAGE BAY

(Paj 264 nan liv Neyemi Leve)

VÈSÈ KLE

"Pa janm bouke fè byen. Paske, si nou pa dekouraje, n'a rekòlte lè lè a va rive."

(Galasi 6:9, HCV)

Lènmi Neyemi yo pa te bouke nan tantativ yo pou distrè l ak dekouraje l pou ou pa fini travay Bondye a. Menm jan an tou, nou fè fas ak advèsè k ap chèche febli detèminasyon nou. Neyemi te refize abandone, li te demontre pouvwa pou konsantre ak soumèt devan Bondye. *"Se poutèt sa, desann nou devan Bondye. Men, pran pozisyon kont Satan, la kouri kite nou."* (Jak 4:7, HCV). Rete angaje nan objektif Bondye, malgre opozisyon, rete asire fòs li travay nan ou pou konbat tout distraksyon.

Istwa Samson montre danje ki genyen nan abandone lè ou anba tantasyon ki pèsistan. Pèsistans Dalila te mennen li revele sekrè fòs li a, sa ki lakòz li tonbe (Jij 16:16). Pandan Samson t ap bese tèt li, Neyemi te kanpe fèm, li te refize kite konplo lenmi l yo enfliyanse li. Diferans nan se nan volonte ki anrasinen nan Bondye. Viktwa pa chita sou fòs oswa entèlijans men sou pèseverans nan lafwa, jan George Moore te di, "Yon moun ki genyen se sèlman yon Moun ki te Jinn pèdi ki eseye yon lòt fwa ankò."

Lè opozisyon parèt ensipòtab, sonje rezistans, ansanm ak soumèt devan Bondye, mennen nan viktwa. Lenmi an gendwa pèsiste, men fèmte nan verite Bondye a ap dekouraje li. Lenmi Neyemi yo te abandone kanmenm lè yo te wè detèminasyon li pa te gen limit. Menm jan an tou, lè ou derefize lage bay se yon temwayaj pou Bondye ki ba ou pouvwa a ak yon kle pou defèt distraksyon yo ki vle deraye misyon ou an.

Rete sou liy nan epi konte sou Bondye pou fòs. Reziste anba tantasyon ak distraksyon k ap chèche detounen ou. Chak fwa ou rete fèm, ou vin pi fò nan lafwa e ou vin pi pre pou reyalize objektif Bondye pou lavi ou. Kenbe je ou sou objektif la, epi pa lage bay anyen kap rale ou lwen li.

LAPRIYÈ

Senyè, ede m reziste kont distraksyon ak tantasyon k ap eseye retire m nan objektif Ou. Ranfòse rezolisyon mwen pou m rete fèm nan Ou epi akonpli travay ou te rele m pou m fè a. Nan non Jezi, Amèn.

APLIKASYON

Egzamine yon domèn nan lavi w kote distraksyon oswa tantasyon yo te pèsistan. Fè yon pa jodiya pou reziste, kit se atravè lapriyè, fikse limit, oswa chèche responsablite, epi angaje w pou w rete konsantre sou objektif Bondye pou ou.

OU TANDE VWA BONDYE?

28 Avril 2025 — BIB LA NAN YON LANE - 2 WA 19 – 2 WA 21

SONJE POUKISA W AP GOUMEN

(Paj 264-265 nan liv Neyemi Leve)

VÈSÈ KLE

"Pa janm bouke fè byen. Paske, si nou pa dekouraje, n'a rekòlte lè lè a va rive."

(Galasi 6:9, HCV)

Opozisyon ak fatig gen yon fason yo twouble vizyon nou an epi lakòz nou bliye poukisa nou te kòmanse. Se nan moman goumen sa yo nou dwe fè tèt nou since objektif ki dèyè misyon an. Neyemi te ankouraje pèp li a pandan yon epòk gwo difikilte, li di: "Sonje Senyè a, ki gen gwo pouvwa a, epi goumen pou frè ou yo, pitit gason ou yo, pitit fi ou yo, madanm ou yo ak kay ou yo" (Neyemi 4:14, HCV).

Kenbe vizyon an vivan mande yon refleksyon entansyonèl sou grandè Bondye ak valè misyon an. Neyemi te raple Izrayelit yo, yo pa te sèlman ap bati miray; yo t ap pwoteje fanmi yo epi asire avni yo. Menm jan an tou, lè eprèv yo vini, sonje Bondye ki te rele w la ak tout lavi obeyisans ou a pral afekte. Grandè l ap ankouraje pèseverans ou, epi enpòtans kòz la ap enspire w pou w kontinye.

Nan moman difisil, sonje travay w ap fè a gen valè pou tout letènite. Bondye te konfye ou yon objektif, epi li avèk ou nan batay la. Menm jan Neyemi te ankouraje pèp la pou yo goumen pou moun yo renmen yo, se pou lide moun ki pral benefisye fidelite ou yo ba w fòs. Pa janm bliye kòz Bondye mete nan kè w ka—li vo batay la.

Kenbe objektif ou epi kontinye vanse, menm lè chemen an vin difisil. Panche sou fòs Bondye, konnen li gwo e li gen gwo pouvwa. Rete angaje nan vizyon li ba ou a, epi kite kòz la enspire w pou w konbat tout obstak ki vin sou wout ou.

LAPRIYÈ

Senyè, ede m sonje kòz ak objektif ou mete nan kè m. Ranfòse mwen lè mwen bouke epi fè m sonje grandè Ou. Bay mwen pouvwa pou m rete konsantre ak fidèl nan akonpli volonte Ou. Nan non Jezi, Amèn.

APLIKASYON

Pran tan jodiya pou reflechi sou objektif ki dèyè travay ou oswa misyon ou ladan kounyea. Ekri li tankou yon rapèl pou revize lè defi rive. Priye pou renouvle fòs ak konsantrasyon, fè Bondye konfyans poul travèse avèw.

OU TANDE VWA BONDYE?

BIB LA NAN YON LANE - 2 WA 22 – 2 WA 25

GOUMEN POU GLWA BONDYE
(Paj 264-265 nan liv Neyemi Leve)

VÈSÈ KLE
"Pa janm bouke fè byen. Paske, si nou pa dekouraje, n'a rekòlte lè lè a va rive."

(Galasi 6:9, HCV)

Neyemi te fè pèp la sonje ke retablisman Jerizalèm nan te finalman pou glwa Bondye. Lè travay la te fini, menm lenmi yo te rekonèt men Bondye ladan l, yo di: *"Se Bondye nou an ki fè travay sa a"* (Neyemi 6:16, HCV). Se te yon temwayaj vizib sou pouvwa li ak fidelite li. Neyemi te asire premye priyè apre rekonstriksyon an te kòmanse ak lwanj: *"Apre sa, moun Levi sa yo: Jozye, Kadmyèl, Bani, Achabnya, Cherebya, Odija, Chebanya ak Petaja pran lapawòl. Yo di: -Leve non, mezanmi! Fè lwanj Seyè a, Bondye nou an, pou toutan toutan!"* (Neyemi 9:5, HCV).

Rebati Jerizalèm pa t jis yon restorasyon fizik, men se te yon restorasyon espirityèl, paske li te reprezante kote non Bondye a rete. Neyemi te kenbe konsantre sa a santral, li te ankouraje pèp la sonje ke efò yo te finalman pou onè Bondye. Menm jan an tou, tou sa nou fè antanke kwayan ta dwe montre glwa Bondye. Lè defi parèt, kite lide glorifye li enspire ak soutni ou.

Opozisyon ak distraksyon yo pral eseye chanje konsantrasyon ou, men kenbe je ou sou Bondye asire ou peze pi devan. Konfyans Neyemi te soti nan konpreyansyon li ke travay la pa te pou benefis pèsonèl men pou objektif Bondye. Pawòl Walt Whitman te di, "Toujou kenbe tèt ou nan direksyon solèy la—e tout lonbraj ap tonbe dèyè ou," sèvi tankou yon rapèl pou fikse je nou sou Bondye epi kite limyè li chase dekourajman.

Nan chak travay oswa apèl, se pou glwa Bondye vin objektif final ou. Lè travay la fini, se pou lòt moun wè men l ap travay nan lavi w epi fè lwanj li. Kèlkeswa sa w fè fas a, rete konsantre sou li, paske w konnen l ap egzalte gras a fidelite w.

LAPRIYÈ
Senyè, ede m sonje tout sa m fè se pou glwa w. Kenbe je m fikse sou Ou epi fòtifye m pou m venk opozisyon. Se pou lavi mwen ak travay mwen montre lòt moun nan grandè Ou. Nan non Jezi, Amèn.

APLIKASYON
Pran yon ti moman pou evalye efò aktyèl ou. Èske yo ann amoni ak glorifye Bondye? Renouvle angajman w pou w fè tout bagay pou glwa li, epi fè l konfyans pou l sèvi ak travay ou pou w vin yon temwayaj sou fidelite li.

OU TANDE VWA BONDYE?

GOUMEN POU FANMI YO

(Paj 264-265 nan liv Neyemi Leve)

VÈSÈ KLE

"Pa janm bouke fè byen. Paske, si nou pa dekouraje, n'a rekòlte lè lè a va rive."

(Galasi 6:9, HCV)

Neyemi te raple pèp la ke batay yo pa te sèlman pou tèt yo men pou fanmi yo ak jenerasyon k ap vini yo. Li te di yo: *"Goumen pou frè nou yo, pou pitit gason nou yo, pou pitit fi nou yo, pou madanm nou yo ak pou fanmi nou yo."* (Neyemi 4:14). Detèminasyon yo te soti nan yon kòz ki pi gran pase tèt yo—prezèvasyon ak restorasyon pèp yo a. Lè nou aliman lavi nou ak yon objektif ki depase enterè pwòp tèt nou, sa ba nou fòs pou n andire ak pèsevere atravè nenpòt opozisyon.

Viv pou yon kòz ki pi gran pase tèt ou bay lavi w plis sans. Gandhi te di, "Pi bon fason pou jwenn tèt ou se pèdi tèt ou nan sèvis lòt moun." Lè w gen lanmou ak dezi pou w sèvi lòt moun, ou jwenn objektif ak lajwa, menm nan mitan defi. Rapèl Neyemi te enspire nou pou nou konsantre sou pi gwo imaj la e pou nou fè sakrifis pou dedomajman pou lòt moun.

Istwa ranpli ak egzanp moun ki te bay lavi yo pou yon pi gwo kòz. Martin Luther King Jr. te reve yon monn kote yo jije moun sou karaktè yo, pa sou koulè po yo. Sakrifis li a fè nou sonje pouvwa objektif la. Lè w konnen poukisa w ap goumen, opozisyon an pa ka anpeche w. Kenbe vizyon sa a ap soutni ou atravè eprèv.

Jwenn yon kòz ki pi gran pase tèt ou—si se fanmi w, kominote w, oswa fè pwogrè wayòm Bondye a—e kenbe l nan kè w. Kite l gide aksyon w epi ranfòse rezolisyon w. Ak objektif vini kapasite pou reziste nenpòt fòm opozisyon epi kreye yon eritaj ki depase w.

LAPRIYÈ

Senyè, ede m viv pou yon kòz ki pi gran pase tèt mwen. Louvri je m sou bezwen ki bò kote m, epi ban m kouraj pou m sèvi ak goumen pou sa ki enpòtan. Ranfòse m 'pou pèsevere nan objektif Ou yo. Nan non Jezi, Amèn.

APLIKASYON

Reflechi sou objektif ou. Pou kisa wap viv? Ekri yon kòz ki pouse w kontinye kontinye, menm nan moman difisil. Priye sou sa epi mande Bondye pou l ede w rete konsantre ak detèmine nan akonpli misyon sa a.

OU TANDE VWA BONDYE?

KÈK GRENN MOUN YO CHWAZI

POUVWA YON MINORITE KI DEVWE

(Paj 269 nan liv Neyemi Leve)

VÈSÈ KLE
"Pa janm bouke fè byen. Paske, si nou pa dekouraje, n'a rekòlte lè lè a va rive."

(Galasi 6:9, HCV)

Istwa montre ke yon ti gwoup moun ki devwe kapab limen chanjman transfòmasyon. Samuel Adams te byen fè remake: "Se pa yon majorite ou bezwen pou genyen, men pito yon minorite ki fache, ki pèsistan, epi ki detèmine pou limen flanm libète nan lespri moun." Nan rekonstriksyon Jerizalèm nan, verite sa a parèt klè. Menmsi plizyè milyon Jwif t ap viv nan Anpi Pès la, se sèlman yon ti rès anviwon 50 000 moun ki te reponn apèl pou yo te retounen e pou yo rebati vil yo a.

Devouman gwoup sa a montre kantite pa detèmine enpak, men se pito angajman. Bib la ekri: *"Antou nèt, te gen karanndemil twasanswasant moun ki tounen soti nan peyi kote yo te depòte yo a. Avèk yo te gen sètmil twasantrannsèt gason ak fanm ki te sèvi yo domestik. Te gen tou desan (200) gason ak fanm ki te konn fè mizik ak konn chante."* (Neemi 7:66–67, HCV). Fidelite yo ak volonte yo pou yo fè sakrifis pou glwa Bondye a te fè sa enposib tounen reyalite.

Nou menm tou, nou ka aprann nan men ti rès sa a. Souvan Bondye travay atravè kèk moun fidèl pou akonpli objektif li. Menm jan ak Jwif ki te retounen Jerizalèm yo, nou resevwa apèl pou nou avanse devan lè lòt moun ezite. Menmsi efò nou yo sanble piti, Bondye miltipliye fidelite pèp li a pou l reyalize gwo bagay. Yon minorite devwe, ki gen pouvwa Bondye, ka chanje kous listwa.

Mande tèt ou: Èske w vle fè pati minorite fidèl sa a? Kit nan fanmi w, nan espas travay ou oswa nan kominote w, Bondye ka sèvi ak devouman w pou fè yon enpak dirab. Pran angajman pou w rete fèm, menm lè chans yo sanble piti, epi fè Bondye konfyans pou akonpli travay li atravè ou.

LAPRIYÈ
Senyè, ede m pou m fè pati minorite fidèl ki kanpe fèm pou objektif Ou yo. Ban m kouraj ak angajman pou m sèvi w, menm lè travay la sanble redoutable. Sèvi ak mwen pou fè yon diferans pou glwa Ou. Nan non Jezi, Amèn.

APLIKASYON

Idantifye yon zòn nan lavi ou kote ou santi ou rele pou fè yon diferans. Kòmanse piti men rete konsistan, fè Bondye konfyans pou miltipliye efò ou. Antoure tèt ou ak moun ki gen menm lide ki pataje devouman ou epi youn ankouraje lòt pou yo kontinye.

OU TANDE VWA BONDYE?

BIB LA NAN YON LANE - 1 KWONIK 4:1 – 1 KWONIK 6:30

POUVWA TI RÈS LA

(Paj 269-270 nan liv Neyemi Leve)

VÈSÈ KLE

"Pa janm bouke fè byen. Paske, si nou pa dekouraje, n'a rekòlte lè lè a va rive."

(Galasi 6:9, HCV)

Pandan tout listwa, Bondye te demontre ke li bay fidelite plis valè pase kantite. Apre Neyemi te rebati miray Jerizalèm, se sèlman yon ti fraksyon nan popilasyon Jida a te chwazi pou repeple vil sen an. *"Tout moun ki te chèf pèp la te rete lavil Jerizalèm. Men pou rès pèp la, yo tire osò pou yo chwazi yon fanmi sou chak dis fanmi pou al viv nan lavil Bondye a, Jerizalèm. Tout rès yo va rete nan lòt lavil yo."* (Neemi 11:1, HCV). Minorite devwe sa a te retabli yon vil ki te an dezolasyon pandan plis pase 140 ane.

Bib la toujou mete aksan sou fason Bondye chwazi "bon kalite pase kantite". Lame Jedeyon an te redwi a 300 gason pou montre ke viktwa te soti nan Seyè a, pa fòs lèzòm (Jij 7:7). Menm jan an tou, rès Jida ki te retounen Jerizalèm te pwouve yon ti gwoup ki te angaje l, ki te ini nan lafwa, ki te kapab akonpli objektif Bondye. Chif yo pa detèmine efikasite men se pito devosyon ak obeyisans.

Nan lavi nou, nou gendwa santi nou pa anpil oswa ensiyifyan, men souvan Bondye travay atravè "minorite devwe a". Lè opozisyon parèt akablan, sonje viktwa se pa sou fòs lèzòm men sou fòs Bondye. Ti rès la raple nou ke Bondye onore moun ki fè li konfyans epi ki aji avèk kouraj, menm lè tout bagay sanble kont yo.

Pran kè si w santi w fè pati yon ti gwoup ki neglije. Dedye tèt ou nan travay Bondye a, konnen li espesyalize nan transfòme ti kòmansman an gwo rezilta. Antre nan ti rès fidèl la, gen konfyans ke obeyisans ou pral glorifye Bondye epi pote restorasyon nan sa ki sanble kraze.

LAPRIYÈ

Senyè, ede m rete fidèl, menm lè m santi m piti oswa ensiyifyan. Sèvi ak mwen pou akonpli objektif ou yo epi fè lwanj pou non ou. Ranfòse konfyans mwen nan Ou epi raple m ke avèk Ou, viktwa se sèten. Nan non Jezi, Amèn.

APLIKASYON

Idantifye zòn nan lavi ou kote ou santi opozisyon yo akable w. Remèt defi sa yo bay Bondye nan lapriyè. Chèche moun ki gen menm lide ak moun ki pataje lafwa w, epi travay ansanm pou akonpli objektif Bondye, avèk konfyans ke li pral pote viktwa grasa obeyisans ou.

OU TANDE VWA BONDYE?

KATEGORI TI RÈS

(Paj 270 nan liv Neyemi Leve)

VÈSÈ KLE

"Pa janm bouke fè byen. Paske, si nou pa dekouraje, n'a rekòlte lè lè a va rive."

(Galasi 6:9, HCV)

Nan Bib la, mo "ti rès" la fè referans ak gwoup moun ki chape anba yon peryòd jijman oswa kalamite; li souvan vle di yon gwoup moun fidèl Bondye konsève pou restorasyon nan lavni. Byenke li pi souvan refere a pèp Izrayèl la, li te tou aplike nan lòt nasyon yo. *"Peyi Efrayim lan pral rete san anyen pou pwoteje l'. Lavil Damas pral pèdi libète granmoun li.* **Ti rès moun peyi Siri a pral gen menm sò ak ti rès moun pèp Izrayèl yo. Yo pral pèdi bèl pouvwa yo.**" (Ezayi 17:3, HCV).

Gen kèk moun ki ka wè ti rès la kòm yon tèm negatif, ki asosye ak moun ki chape anba jijman Bondye a. Sepandan, ti rès la toujou pote yon mesaj espwa ak restorasyon. Li senbolize moun ki, malgre eprèv yo, rete fidèl epi kenbe pwomès Bondye yo. Nan liv Neyemi a, ti rès la reflete yon gwoup ki, apre yo fin fè fas ak destriksyon ak egzil, te tounen nan peyi yo pou restore sa ki te pèdi.

Ti rès la, ni an jeneral ni nan epòk Neyemi a, ka divize an de kategori. Premye kategori a se ti rès fidèl la—sa yo ki te rete fidèl ak Bondye pandan tout eprèv yo, kenbe fèm nan pwomès li yo malgre advèsite. Endividi sa yo dedye nan travay Bondye a, menm lè sa a parèt akablan oswa lè monn nan alantou yo an boulvèsan.

Dezyèm kategori a se rès retabli a—sa yo ki retounen vin jwenn Bondye apre yon peryòd dezobeyisans, souvan apre disiplin oswa egzil. Moun ki te retounen Jerizalèm anba lidèchip Neyemi yo te fè pati kategori sa a, e yo te reponn apèl Bondye te fè pou restorasyon ak renouvèlman. Malgre echèk anvan yo, yo te ba yo opòtinite pou yo rebati, renouvle alyans yo ak Bondye, epi akonpli plan li pou nasyon yo.

LAPRIYÈ

Senyè, mèsi paske w prezève yon ti rès fidèl atravè eprèv yo. Ede m rete fèm nan angajman mwen anvè Ou epi fè konfyans ou ap travay atravè mwen, menm nan moman difisil yo. Ranfòse lafwa mwen epi pèmèt mwen fè pati travay retablisman w la. Nan non Jezi, Amèn.

APLIKASYON

Konsidere ki kote ou ta ka santi w tankou yon pati nan yon ti rès—kit kòm yon moun oswa nan kominote w la. Reflechi sou fason Bondye ap rele w pou w rete fidèl oswa pou w retounen jwenn li. Chèche fason pou w patisipe nan restorasyon Bondye epi envite lòt moun pou patisipe nan travay renouvèlman li a.

OU TANDE VWA BONDYE?

MOUN KI RETE YO

(Paj 270 nan liv Neyemi Leve)

VÈSÈ KLE
"Pa janm bouke fè byen. Paske, si nou pa dekouraje, n'a rekòlte lè lè a va rive."

(Galasi 6:9, HCV)

Nan liv Neyemi a, Ananya dekri eta moun ki te rete nan Jida, li di, *"Moun ki tounen soti nan peyi kote yo te depòte yo epi ki rete laba nan peyi nou an anba gwo pwoblèm. Yo pa konn sa pou yo fè tèlman yo wont"* (Neyemi 1:3, HCV). Se moun sa yo ki te kite lè Nèbikadneza te anvayi Jida 140 an avan. Babilòn te detwi miray Jerizalèm yo, yo te boule tanp lan, yo te mennen jèn ak moun enganm yo ann egzil, e yo te kite pòv yo, vèv yo ak malad yo dèyè. Gwoup sivivan sa a se "ti rès ki rete a".

Ti rès sa a, byenke li pa t anpil, te nan yon eta gwo afliksyon ak wont. Yo te yon gwoup majinalize, ki te pote mak devastasyon sou do yo. Poutan, malgre sikonstans yo, yo te toujou pèp Bondye a, li te chwazi pou yo rete pou yon objektif. Sa fè nou sonje menm nan moman difisil, Bondye prezève yon gwoup moun fidèl pou travay li, souvan kote ou pi pa t ap tann.

Nan kontèks rekonstriksyon Jerizalèm nan, wòl ti rès la te enpòtan anpil. Byenke yo te yon ti gwoup e yo te sanble ensiyifyan, detèminasyon yo ak volonte yo pou rebati se te yon temwayaj fidelite Bondye. Menm jan li te prezève ti rès la nan Jida, Bondye prezève pèp li a jodi a, menm lè yo fè fas ak defi oswa lè yo santi yo poukont yo epi yo sanble envizib.

Istwa ti rès sa a mande nou pou nou mete konfyans nou nan plan Bondye a, menm nan moman afliksyon. Menm jan ti rès nan epòk Neyemi a te rele pou yo fè pati restorasyon an, nou menm tou nou envite pou nou fè pati travay Bondye ap kontinye ap fè nan monn nan, kèlkeswa travay la ka parèt difisil.

LAPRIYÈ
Senyè, mèsi paske w prezève yon ti rès fidèl menm nan moman gwo afliksyon. Ede m fè konfyans nan plan Ou pou lavi m, menm lè sikonstans yo sanble difisil. Ranfòse lafwa mwen epi gide m nan objektif Ou, pou m ka fè pati travay Ou nan monn lan. Nan non Jezi, Amèn.

APLIKASYON
Reflechi sou zòn nan lavi w kote w ka santi w fè pati yon ti rès—izole oswa k ap lite. Mete konfyans Bondye ap sèvi ak ou, menm nan sikonstans difisil, pou pi gwo objektif li. Reflechi sou fason w ka kontribiye nan travay Bondye a, kèlkeswa jan sa parèt piti.

OU TANDE VWA BONDYE?

Bib la nan yon lane - 1 Kwonik 10 – 1 Kwonik 12

MOUN YO EGZILE YO
(Paj 271 nan liv Neyemi Leve)

VÈSÈ KLE

"Pa janm bouke fè byen. Paske, si nou pa dekouraje, n'a rekòlte lè lè a va rive."

(Galasi 6:9, HCV)

Apre moun ki te rete nan peyi a, mo "ti rès" la fè referans tou ak Jwif yo te egzile nan Babilòn ak Pès. Malgre yo te ann ekzil, yo te kenbe idantite jwif yo e yo te prezève eritaj kiltirèl yo. Jeremi te pwofetize konsènan gwoup sa a, li di: *"M'ap sanble sa ki rete nan pèp mwen an, m'pral pran yo nan tout peyi kote mwen te gaye yo a, m'ap fè yo tounen lakay yo. Y'a fè anpil pitit, y'a peple."* (Jeremi 23:3, HCV). Ti rès sa a, byenke yo te gaye, te kenbe lafwa yo vivan kèlkeswa kote yo te ale.

Jwif ki ann egzil sa yo te fè fas ak gwo defi pandan yo t ap viv andeyò peyi yo, men yo pa t janm pèdi idantite yo kòm pèp Bondye a. Malgre yo te nan yon peyi etranje, yo te pote tradisyon yo ak lafwa yo avèk yo. Pèseverans yo nan kenbe idantite yo entak te enpòtan anpil pou restorasyon pèp Izrayèl la. Bondye te pwomèt l ap mennen yo tounen nan peyi yo, e li te fè sa lè pou l te fè l.

Inyon moun ki te rete nan peyi a ak moun ki te egzile yo te abouti nan rebati Jerizalèm. Inite sa a atravè fwontyè montre pouvwa yon ti rès angaje k ap travay ansanm nan yon objektif komen. Menm prensip la aplike jodi a. Kit ann Ayiti oswa nenpòt lòt kominote, rekonstriksyon ak transfòmasyon mande patisipasyon alafwa moun ki nan peyi a ak moun ki gaye aletranje.

Pou pote chanjman ki gen sans nan kominote nou yo ak nasyon nou yo, se pa kantite moun ki enpòtan, men angajman yo nan kòz la. Menm jan kèk moun fidèl nan chak gwoup te reyini ansanm pou rekonstwi Jerizalèm, se konsa nou ka ini nan objektif pou rebati kominote nou yo, pote restorasyon, ak transfòme monn ki antoure nou an.

LAPRIYÈ

Papa, di ou mèsi paske w rasanble pèp ou a, kit se nan peyi a, kit yo gaye aletranje. Ede nou rete fidèl ak idantite nou nan Ou, kèlkeswa kote nou ye. Ranfòse kè nou ak lespri nou, epi ini nou nan objektif pou nou ka fè pati travay rebati ak transfòmasyon Ou. Nan non Jezi, Amèn.

APLIKASYON

Reflechi sou pwòp wòl ou nan rekonstwi kominote w oswa nasyon w. Konsidere ki jan ou ka konekte ak lòt moun, tou de toupre ak byen lwen, pou travay nan direksyon yon objektif komen. Kit atravè lapriyè, aksyon, oswa sipò, jwenn fason pou kontribye nan rekonstriksyon ak restorasyon anviwònman ou.

OU TANDE VWA BONDYE?

6 Me 2025 — BIB LA NAN YON LANE - 1 KWONIK 13 – 1 KWONIK 16

BENEDIKSYON TI RÈS LA

(Paj 271 nan liv Neyemi Leve)

VÈSÈ KLE

"Pa janm bouke fè byen. Paske, si nou pa dekouraje, n'a rekòlte lè lè a va rive."

(Galasi 6:9, HCV)

Pandan kwayan ki soti nan tout nasyon patisipe nan benediksyon Bondye yo, "ti rès pèp Izrayèl la" kenbe yon plas diferan ak enpòtan nan plan redanmsyon Bondye a. Nan tout Bib la, nou wè Bondye te fè pèp Izrayèl la pwomès, pwomès ki poko reyalize nèt. Ti rès fidèl pèp Izrayèl la se pa sèlman yon gwoup sivivan; yo se jwè kle nan plan diven Bondye a. Ti rès sa a, malgre difikilte ak opozisyon an ap fè fas a, yo pral enstriman grasa Bondye akonpli pwomès li fè yo bay pèp Izrayèl la e, finalman, nan monn lan.

Objektif Bondye pou ti rès Izrayèl la se pa sèlman sou siviv, men sou benediksyon. Atravè yo, Bondye gen entansyon beni pèp Izrayèl la ak nasyon yo. Ti rès la reprezante yon pèp Bondye chwazi pou glwa li, epi atravè fidelite yo, nasyon yo pral fè eksperyans sali, pwosperite, ak restorasyon. Nan Ezayi 10:22-23 (HCV), Bondye pwomèt ke malgre destriksyon anpil moun, yon ti rès ap retounen epi pote benediksyon li yo: *"Menm si moun pèp Izrayèl yo te anpil tankou grenn sab bò lanmè, se yon ti ponyen ase k'ap tounen. Wè pa wè, y'ap detwi pèp la. Se sa menm li merite. Wi, Seyè ki gen tout pouvwa a pral fè lènmi mache nan tout peyi a pou yo devalize l' jan li te di l'ap fè l' la."*

Ti rès la pa jis konsève pou pwòp tèt yo men Bondye sèvi ak li pou pote delivrans pou nasyon yo. Atravè pèp Izrayèl la, Sovè monn nan (Jezi Kris) te vini nan Izrayèl. Epi atravè ti rès Izrayèl la, plan Bondye pou l beni nasyon yo kontinye. Nan Women 11:12 (HCV), Pòl ekri: *"Fòt jwif yo fè a tounen yon richès pou tout moun. Tonbe yo tonbe a, sa vin yon gwo benediksyon pou moun lòt nasyon yo. Nou pa bezwen mande ki gwo benediksyon sa va ye lè tout jwif yo va delivre!"* Benediksyon pèp Izrayèl la, ki te fèt atravè ti rès fidèl la, koule soti nan Janti yo, anrichi monn lan ak verite Bondye a, mizèrikòd, ak favè Bondye.

Verite sa a ta dwe bay nou espwa kòm kwayan nan tout nasyon. Menm jan Bondye gen yon plan espesifik pou ti rès Izrayèl la, li gen yon objektif inik pou nou nan plan mondyal li a. Nou menm tou, nou aple pou nou fè pati ti rès li a—fidèl nan kòz la, angaje nan misyon li, ak veso yo atravè benediksyon li yo ka koule nan monn lan.

LAPRIYÈ

Senyè, nou remèsye ou pou ti rès fidèl pèp Izrayèl la ak pou benediksyon ou te pwomèt atravè yo. Nou priye pou nou menm tou, ka fè pati ti rès Ou, fidèl nan apèl ou ak objektif ou.

APLIKASYON

Konsidere wòl ou kòm yon pati nan ti rès Bondye a, ki rele pou pote benediksyon li nan monn lan. Reflechi sou fason fidelite w ka gen enpak sou kominote w, peyi w, ak pi laj monn lan.

OU TANDE VWA BONDYE?

PWOSPERITE TI RÈS LA

(Paj 271 nan liv Neyemi Leve)

VÈSÈ KLE

"Pa janm bouke fè byen. Paske, si nou pa dekouraje, n'a rekòlte lè lè a va rive."

(Galasi 6:9, HCV)

Nan liv Zakari a, Senyè a bay pèp li a yon pwomès pwisan—yon pwomès ki t ap pote retablisman ak pwosperite pou ti rès la. Senyè a te pale atravè pwofèt Zakari pou rasire pèp la ke avni yo t ap diferan anpil de lit ak difikilte ki te pase yo. Zechariah 8:11-12 (HCV) deklare: *"Men koulye a, mwen p'ap trete ti rès pèp sa a tankou nan tan anvan yo, di Seyè ki gen tout pouvwa a. Paske, semans yo pral pwospere, pye rezen an pral bay fwi, tè a pral bay l 'rekòlte, ak syèl la pral bay lawouze yo; mwen pral fè ti rès pèp sa a posede tout sa yo."*

    Pwomès Bondye fè ti rès la se youn nan pwosperite nan chak domèn nan lavi. Semans lan, ki reprezante fanmi ak jenerasyon, pral fleri. Pye pye rezen an, ki vle di travay ak pwovizyon pèp la, pral donnen. Tè a, ki reprezante peyi a ak ekonomi, pral pwodwi ogmantasyon. Syèl la pral bay lawouze yo, ki senbolize favè Bondye ak benediksyon ki soti anwo a. Tout benediksyon sa yo, Bondye pwomèt, yo pral fè pati ti rès la—te kèk fidèl ki rete fidèl ak apèl li a.

    Prensip sa a aplike pou fanmi, kominote, ak nasyon. Lè ti rès la reyini ansanm ak yon objektif pataje—si nan yon peyi oswa gaye atravè lemonn—li ka pote yon restorasyon peyi a, kominote a, ak jenerasyon k ap vini yo. Sa a se vre pou pèp Izrayèl la nan Bib la ak vre pou nou jodi a kòm kwayan.

    Pou wè pwomès sa yo reyalize, li esansyèl pou ti rès la ini, ni anndan peyi a ni nan dyaspora a. Fòs ansanm moun ki fidèl yo nan peyi yo ak moun ki gaye toupatou sou tè a kapab pote retablisman Bondye te pwomèt la. Inite ti rès la nan objektif ak lafwa gen potansyèl pou pote yon transfòmasyon radikal nan peyi a, nan kominote yo, ak nan nasyon yo.

LAPRIYÈ

Senyè, nou remèsye ou pou pwomès ou fè ti rès la. Nou priye pou w fè semans, pye rezen an ak tè a pwospere nan lavi nou ak nan kominote nou yo. Ede nou ini, ni lokalman ni globalman, pou nou wè benediksyon Ou yo vide sou nou. Se pou nou rete fidèl ak apèl ou a epi pou nou vin enstriman restorasyon ou ak pwosperite ou. Nan non Jezi, Amèn.

APLIKASYON

Reflechi sou fason ou ka kontribye nan pwosperite ti rès la nan pwòp lavi ou. Kit nan fanmi w, nan kominote w oswa nan nasyon w, reflechi sou fason w ka fè pati gwoup fidèl ki pote benediksyon ak restorasyon an. Ki jan ou ka sipòte rasanbleman ti rès la, tou de nan zòn lokal ou a ak nan pi laj dyaspora a?

OU TANDE VWA BONDYE?

8 Me 2025 — Bib la nan yon lane - 1 Kwonik 20 – 1 Kwonik 23

PÈMANANS TI RÈS LA
(Paj 272 nan liv Neyemi Leve)

VÈSÈ KLE

"Pa janm bouke fè byen. Paske, si nou pa dekouraje, n'a rekòlte lè lè a va rive."

(Galasi 6:9, HCV)

Pwomès Bondye fè ti rès la pa eprèv oswa tanporè; yo andire. Youn nan pwomès ki pi pwisan yo te bay ti rès la jwenn nan Ezayi 37:31 (HCV), kote Senyè a di, *"Rès moun peyi Jida ki va chape yo va pran pye ankò. Y'a kanpe ankò."* Vèsè sa a transmèt sètitid pèmanans pou kèk fidèl yo. Ti rès la pral etabli byen fèm, pran rasin anba, senbolize estabilite ak ancrage pwofon nan laverite ak objektif Bondye. Soti nan fondasyon sa a, yo pral bay fwi anwo, ki vle di non sèlman kwasans, men tou yon enpak abondan ak dirab.

Pwomès sa a reflete plis pase jis retounen fizik nan peyi a. Li siyifi yon restorasyon espirityèl ak kiltirèl ki pwofon e dirab. Ti rès la p ap tankou moun ki te gaye e ki pa estab nan tan lontan an ankò; olye de sa, yo pral yon prezans fò ak fwi, byen fèm nan pwomès ak objektif Bondye.

Pou ti rès la, pèmanans sa a se pa sèlman sou yo te nan peyi a, men tou sou andire nan defi ki vini ak li. Ti rès la se yon pèp ki rezistan e ki bay anpil pitit, ki pral kenbe fèm nan advèsite e ki pral kontinye grandi nan lafwa ak enpak.

Nan monn jodi a, kote bagay yo souvan santi tanporè epi yo enstab, pwomès Bondye fè ti rès la ofri ni asirans ni espwa. Lè nou rete fidèl, Bondye ap etabli nou epi fè nou fè pitit, pa sèlman pou yon sezon men pou letènite.

LAPRIYÈ

Senyè, mèsi pou pwomès Ou ke ti rès la pral pran rasin anba epi bay fwi anwo. Ede nou rete chita nan Pawòl Ou ak objektif Ou, epi se pou lavi nou pwodwi fwi ki dire lontan pou glwa Ou. Ranfòse nou pou nou rete fidèl, paske w konnen w ap etabli nou pou pèmanans. Nan non Jezi, Amèn.

APLIKASYON

Reflechi sou pwòp lavi w: Èske w byen anrasinen nan lafwa w, e w ap pran estabilite nan Pawòl Bondye a ak pwomès yo? Ki jan w ka kiltive lavi espirityèl ou pou w bay fwi ki dire e ki afekte moun ki bò kote w? Konsidere domèn kote ou bezwen grandi nan lafwa ou pou asire lavi ou rete byen anrasinen nan verite Bondye a.

OU TANDE VWA BONDYE?

TI RÈS LA DWE RETE

(Paj 272 nan liv Neyemi Leve)

VÈSÈ KLE

"Pa janm bouke fè byen. Paske, si nou pa dekouraje, n'a rekòlte lè lè a va rive."

(Galasi 6:9, HCV)

Youn nan pwomès ki pi pwofon yo te bay ti rès la se ke yo pral prezève pamwayen men souveren Bondye a. Nan Ezayi 28:5, Senyè a pwomèt li pral yon *"yon bèl kouwòn flè pou rès moun ki pa mouri yo, yon bèl kouwòn dyaman pou sa ki chape yo."* Imaj sa a sigjere non sèlman pwoteksyon, men tou yon estati distenge—Bondye Li menm ap pwoteje ti rès la epi ba yo glwa li kòm yon kouwòn. Nan moman difikilte ak opozisyon, ti rès la ka jwenn rekonfò nan asirans ke Senyè a pral prezève yo, asire yo non sèlman siviv, men yo pral pwospere, temwen manifestasyon glwa li a.

Pwomès sa a anrasinen nan fidelite alyans Bondye a. Pwofèt Ezayi, lè l reflechi sou konsèvasyon ti rès la, di: *"Si Seyè ki gen tout pouvwa a pa t' kite kèk moun nan nou chape, lavil la t'ap disparèt nèt tankou sa ki te rive lavil Sodòm ak lavil Gomò a"* (Ezayi 1:9, HCV). Pèp Izrayèl la, tankou anpil nasyon, te fè fas a risk pou yo destriksyon total akòz dezobeyisans yo. Sepandan, nan mizèrikòd li, Bondye te epanye yon ti rès, li te asire ke pwomès li yo t ap akonpli grasa yo. San yo pa kèk fidèl sa yo, pèp Izrayèl la te kapab peri fasil, menm jan Sodòm ak Gomò te fè. Men, atravè ti rès la, Bondye te konsève yon temwen sou glwa li ak plan li pou redanmsyon.

Istwa ti rès la make lè Bondye fè gwo bagay ak ti gwoup moun fidèl. Malgre chans yo, ti rès la te toujou mwayen pou Bondye akonpli gwo objektif li yo. Prezèvasyon ti rès la se pa sèlman pou siviv, men pou temwaye glwa Bondye nan mitan defi yo.

Nan rekonstriksyon Jerizalèm nan, nou wè prensip sa a an aksyon: moun ki te gaye ak ti kantite yo te reyini ansanm grasa volonte Bondye pou retabli yon vil ak yon nasyon, e lè yo te fè sa, yo te temwen glwa Bondye nan yon fason pisan. Jodi a, menm prensip la aplike: lè pèp Bondye a, ni anndan peyi yo, ni deyò peyi yo, reyini ansanm ak objektif, yo pral wè glwa Bondye parèt nan mitan yo.

LAPRIYÈ

Senyè, mèsi pou pwomès ou pou prezèvasyon ti rès ou yo. Nou imilye pa gras Ou ki soutni nou e ki ba nou pouvwa pou nou temwen glwa Ou. Kenbe nou fidèl ak fò, epi ede nou wè men w ap travay nan lavi nou. Se pou nou, antanke ti rès Ou, vin yon temwayaj sou bonte w ak pouvwa w. Nan non Jezi, Amèn.

APLIKASYON

Reflechi sou fason Bondye te prezève ou ak lafwa ou pandan sezon difisil yo. Ki jan w ka temwen glwa Bondye nan sitiyasyon w kounye a? Pran tan pou w reflechi sou enpòtans wòl w genyen kòm yon pati nan ti rès Bondye, epi reflechi sou fason w ka ede prezève ak fòtifye lafwa lòt moun ki bò kote w.

OU TANDE VWA BONDYE?

TI RÈS LA NAN LISTWA: JEDEYON
(Paj 272-273 nan liv Neyemi Leve)

VÈSÈ KLE
"Pa janm bouke fè byen. Paske, si nou pa dekouraje, n'a rekòlte lè lè a va rive."

(Galasi 6:9, HCV)

Franklin D. Roosevelt te di yon fwa, "Kouraj se pa absans laperèz, men pito evalyasyon ke yon lòt bagay pi enpòtan pase laperèz." Istwa Jedeyon an se yon egzanp pwisan nan prensip sa a. Nan Liv Jij yo, nou wè Izrayelit yo vire do bay kòmandman Bondye yo apre 40 ane lapè apre viktwa Debora te genyen sou Kananeyen yo. Kòm rezilta, yo te fè fas ak dominasyon Madyanit yo, Amalèk yo ak lòt tribi Bedouen yo pandan sèt lontan.

Pandan peryòd laperèz ak soufrans sa a, Izrayelit yo te rele Senyè a, epi nan mizèrikòd li, Bondye te voye yon pwofèt pou raple yo sou delivrans sot pase yo. Men, li pa t jis yon rapèl; Bondye te voye yon zanj bay Jedeyon tou, li te rele l pou l mennen pèp la soti nan opresyon ak nan viktwa. *"Zanj Seyè a parèt devan l', li di l' konsa: -Bonjou, vanyan sòlda! Seyè a avè ou! [...] Ale non. Avèk fòs kouraj ou genyen an, w'a delivre pèp Izrayèl la anba men moun peyi Madyan yo. Se mwen menm menm ki voye ou!"* (Jij 6:12, 14 HCV)

Okòmansman, Jedeyon pa t wè tèt li kòm yon vanyan gason. Sepandan, Bondye te asire l ke li t ap avèk li e ke ak èd li, Jedeyon te kapab akonpli sa ki enposib. Apre Jedeyon te fin chèche konfimasyon, li te aksepte apèl Bondye a e li te rasanble yon lame 32 000 gason pou fè fas ak lenmi an. Men, Bondye te gen yon plan diferan. Li kite Jedeyon ak 10 000 gason. Men, menm kantite sa a te twò gwo pou objektif Bondye, kidonk sèlman 300 gason te kalifye, e 300 sa yo te chwazi kòm sòlda ki t ap goumen ak Madyanit yo.

Finalman, Jedeyon te dirije yon ti rès — mwens pase yon pousan nan lame orijinal li — kont yon gwo fòs ki te gen 135 000 Madyanit. Avèk èd Bondye, yo te bat Madyanit yo, yo te kraze sèt ane nan opresyon e yo te retabli libète pèp Izrayèl la. Viktwa a pa t akòz fòs lame a men ak pouvwa Bondye.

Ekwasyon Bondye a pou siksè diferan de monn lan. Byenke monn nan mezire fòs pa kantite, souvan Bondye sèvi ak ti, sa ki fèb, ak sa ki sanble ensiyifyan pou akonpli gwo bagay.

LAPRIYÈ
Senyè, nou remèsye Ou pou egzanp Jedeyon an, ki te fè konfyans nan pouvwa Ou olye ke li te konte sou pwòp fòs li. Ede nou wè tèt nou menm jan Ou wè nou—fò nan fòs Ou epi ki kapab reyalize gwo bagay grasa favè Ou.

APLIKASYON

Konsidere zòn yo nan lavi ou kote ou santi ou insuffisante ou plus. Ki jan ou ka fè konfyans nan pouvwa Bondye olye de pwòp fòs ou? Reflechi sou fason ou ka fè pati yon ti gwoup oswa ti rès, pran aksyon pou yon pi gwo kòz, epi gade ki jan Bondye ka sèvi ak ou pou akonpli objektif li.

OU TANDE VWA BONDYE?

11 Me 2025 — BIB LA NAN YON LANE - 2 KWONIK 1:1 – 2 KWONIK 5:1

DIFE TRANSFÒMASYON JOHN WESLEY A

(Paj 274-275 nan liv Neyemi Leve)

VÈSÈ KLE

"Pa janm bouke fè byen. Paske, si nou pa dekouraje, n'a rekòlte lè lè a va rive."

(Galasi 6:9, HCV)

John Wesley te viv pandan yon epòk tèt chaje nan Angletè. Revolisyon Endistriyèl la te pote ibanizasyon rapid, povrete, ak koripsyon moral. Fanmi yo te soufri nan move kondisyon travay, travay timoun, ak krim toupatou. Sosyete a te make pa yon divizyon k ap grandi ant moun rich ak pòv, koripsyon politik, ak vid espirityèl. Nan mitan fènwa sa a, eksperyans Wesley's Aldersgate nan te limen yon flanm dife ki transfòme lavi yon dividal moun. Rankont li ak Bondye te raple l ke vrè lafwa se yon kesyon nan kè a, se pa sèlman obsèvans deyò.

Nouvo pasyon Wesley pou Bondye te alimente yon mouvman ki te adrese maladi sosyete a. Li te preche yon mesaj sou sentete pèsonèl, otodisiplin, ak responsablite sosyal. Disip li yo, ki pote non Metodis, te etabli lekòl, bay swen sante, epi pran swen pòv yo. Anfaz Wesley sou travay di, économie, ak evite dèt te ede anpil moun soti nan povrete. Ansèyman li yo te enspire tou refòm nan prizon, nan espas travay, ak abolisyon esklavaj la. Wesley te pwouve ke lafwa nan aksyon te kapab pote chanjman nan yon monn kraze.

Enpak Wesley te pwolonje pi lwen pase lavi l. Nan 87, li te ekri, "Banm san predikatè ki pa pè anyen eksepte peche epi ki pa anvi anyen eksepte Bondye. Sa pa enpòtan pou mwen si yo se klèje oswa layik, men y ap souke pòt lanfè epi etabli wayòm syèl la sou latè." Avèk sèlman 72 000 disip nan yon nasyon 10 milyon dola, Wesley te demontre ke yon minorite devwe, alimenté pa dife divin, ka chanje kou listwa. Jan Bib la di: *"Se limyè nou ye pou moun sou latè. Moun pa kapab kache yon lavil ki bati sou yon mòn."* (Matye 5:14 HCV).

Jodi a, nou dwe pote flanbo Wesley a. Nan yon monn ki toujou ap soufri ak inegalite, enjistis ak vid espirityèl, nou dwe kite kè nou "twòk chofe" pa lanmou Bondye. Angaje w pou w viv lafwa w avèk konviksyon ak konpasyon. Chèche afekte kominote w la atravè aksyon sèvis, jistis, ak lanmou. Ansanm, nou ka kontinye eritaj transfòmasyon Wesley a.

LAPRIYÈ

Senyè, limen kè nou ak lanmou w ak pasyon w. Ede nou vin ajan chanjman nan kominote nou yo, swiv egzanp John Wesley. Bay nou kouraj pou nou konfwonte enjistis ak konpasyon pou sèvi moun ki nan bezwen yo. Se pou lavi nou reflete wayòm ou sou tè a. Nan non Jezi, Amèn.

APLIKASYON

Idantifye yon zòn nan kominote w la kote ou ka fè yon diferans—si se grasa volontè, defann jistis, oswa sipòte moun ki nan bezwen yo. Fè yon etap pratik semèn sa a pou sèvi lòt moun epi pataje lanmou Bondye. Reflechi sou fason lafwa ou ka enspire chanjman pozitif nan monn lan bò kote w la.

OU TANDE VWA BONDYE?

12 Me 2025 — Bib la nan yon lane - 2 Kwonik 5:2 – 2 Kwonik 7:22

KÈK MOUN VANYAN KI LIMEN DIFE LIBÈTE
(Paj 275-276 nan liv Neyemi Leve)

VÈSÈ KLE
"Pa janm bouke fè byen. Paske, si nou pa dekouraje, n'a rekòlte lè lè a va rive."

(Galasi 6:9, HCV)

Ray Tren Anba Tè a te yon rezo ki te konpoze ak chemen sekrè, refij sekirize, ak moun vanyan ki te angaje pou libere moun ki te esklav nan Sid Etazini. Malgre non li, li pa t yon tren ni li pa t anba tè, men misyon li te klè: mennen moun esklav yo jwenn libète nan Nò a. Moun ki te ede yo, yo te rele yo "kondiktè," epi yo te riske lavi yo pou gide "pasaje" yo soti nan yon "estasyon" sekirize pou rive nan yon lòt. Kouraj ak detèminasyon yo pou yo konbat enjistis san gade dèyè te chanje lavi anpil moun.

Rezo a te konte sou kouraj moun òdinè—mèt estasyon yo ki te mete kay, granri, ak legliz yo disponib kòm abri. Lanp ki te klere nan fenèt yo te yon siyal sekirite pou sila yo ki t ap chape anba esklavaj, pandan ke kondiktè yo, ki souvan te pase pou esklav, te mennen pasaje yo nan fènwa lannuit. Moun sa yo, ki te soti nan divès orijin ak pwofesyon, te travay san pran souf pou asire libète lòt moun. Efò yo te riske, paske patwouy yo t ap toujou chache kaptire moun ki t ap sove epi pini sila ki te ede yo.

Harriet Tubman ak lòt moun tankou li te vin senbòl mouvman sa a, riske tout bagay pou mennen plis pase 100,000 esklav jwenn libète ant 1810 ak 1850. Konviksyon li ki pa t chanje ak detèminasyon li pou l travay poukont li te montre jan kouraj yon sèl moun ka enspire chanjman. Jan Bib la di: *"Nou pa dwe bouke fè sa ki byen, paske si nou pa dekouraje, nou va rekòlte lè lè a va rive"* (Galat 6:9, HCV). Sakrifis yo fè nou sonje ke menm yon ti gwoup moun ki devwe ka reyalize bagay ekstraòdinè. Bib la ba nou lòd nan Ezayi 1:17: *"Aprann fè sa ki byen. Chèche fè sa ki dwat. Bay moun k ap viv nan lafliksyon sekou. Defann kòz ti òfelen yo. Pran defans fanm ki pèdi mari yo."*

Jodi a, nou gen responsabilite pou nou kontinye eritaj Ray Tren Anba Tè a. Kanpe kont enjistis nan kominote w, kit se pa defans, sèvis, oswa jis bay yon men ede. Se pou ou vin yon limyè espwa pou moun ki nan nesesite, epi se pou aksyon ou yo reflete kouraj ak konpasyon moun ki te vini anvan nou. Ansanm, nou kapab kontinye batay pou libète ak egalite.

LAPRIYÈ

Papa nou ki nan Syèl la, mèsi pou gason ak fanm vanyan ki te riske tout bagay pou yo goumen pou libète. Bay nou kouraj pou nou kanpe kont enjistis nan tan pa nou. Ede nou gen kouraj nan aksyon nou yo ak konpasyon nan kè nou, reflete lanmou Ou ak jistis. Nan non Jezi, Amèn.

APLIKASYON

Idantifye yon fason ou ka kanpe kont enjistis nan kominote w la. Kit grasa volontè, sipòte òganizasyon ki goumen pou egalite, oswa tou senpleman edike tèt ou ak lòt moun, fè yon etap semèn sa a pou fè yon diferans. Reflechi sou fason aksyon w yo ka onore eritaj moun ki te goumen pou libète yo.

OU TANDE VWA BONDYE?

SEKRÈ TI RÈS LA: KONVIKSYON
(Paj 276-277 nan liv Neyemi Leve)

VÈSÈ KLE
"Pa janm bouke fè byen. Paske, si nou pa dekouraje, n'a rekòlte lè lè a va rive."

(Galasi 6:9, HCV)

Moun ki gen kouraj yo pa toujou popilè, men enpak yo ka pwofon. Rosa Parks, Candy Lightner, ak Todd Beamer fè nou sonje ke konviksyon souvan lakòz chanjman. Kouraj yo pou yo kanpe kont enjistis oswa pran aksyon nan kriz reflete pouvwa konviksyon pèsonèl yo. Neyemi te di moun ki t ap opoze l yo: *"Se Bondye nan syèl la k'ap fè nou reyisi nan sa nou vle fè a. Nou menm ki sèvitè Bondye, nou pral konmanse rebati l."* (Neyemi 2:20). Menm jan ak Neyemi, nou aple pou nou aji avèk kran, nou gen konfyans ke Bondye ap ekipe nou pou nou fè travay li.

Konviksyon ap vin ra nan sosyete jodi a. Antanke kretyen, yo souvan ankouraje nou pou nou tolere fo "verite" ki kont verite Bondye a. Men, chak konpwomi febli kolòn vètebral espirityèl nou, sa ki fè nou pa efikas antanke anbasadè Bondye. Jezi rele nou pou nou sèl tè a ak limyè monn lan (Mat. 5:13-14). Yon ti rès angaje, kèlkeswa ti jan, ka toujou fòme sosyete a, menm jan lòt moun te fè lè yo refize konpwomi prensip yo.

Labib bann egzanp pwisan ki montre konviksyon inebranlab. Danyèl ak zanmi l yo te refize bese devan estati lò Nebikadneza, menm lè yo te fè fas ak yon gwo founo dife. Lafwa yo nan Bondye te mennen nan yon delivrans mirak epi transfòme yon anpi (Dan. 3:16-28). Istwa fè nou sonje ke yon minorite ki gen konviksyon enkondisyonèl kapab dirije majorite a. Kit se atravè lwa, valè, oswa chanjman kiltirèl, moun ki kenbe fèm sou laverite Bondye ka kite yon mak etènèl sou sosyete a.

Bondye ap rele w pou w viv ak konviksyon, anrasinen nan Pawòl li a. Refize fè konpwomi sou sa ou konnen se vre, menm lè monn lan mande li. Pran pozisyon, kèlkeswa sa ki piti a, fè konfyans ke Bondye ap travay grasa fidelite w pou enfliyanse moun ki bò kote w. Kòmanse pa idantifye yon zòn kote ou ka viv ak konviksyon ou yo ak plis kouraj epi mande Bondye pou ba ou kouraj pou kenbe fèm.

LAPRIYÈ
Senyè, ban m fòs pou m kanpe pou verite w la nan yon monn ki toujou ap chèche konpwomi. Ede m pou m gen kouraj ak fèm, mete konfyans nan pouvwa Ou pou soutni m. Kite lavi m 'yon limyè ki montre lòt moun nan Ou. Amèn.

APLIKASYON

Evalye lavi ou epi idantifye domèn kote ou ka konpwomèt verite Bondye a. Angaje w pou w rete fèm nan lafwa w, kèlkeswa pri a. Sonje ke menm yon ti zak konviksyon kapab enspire chanjman nan lavi lòt moun.

OU TANDE VWA BONDYE?

SEKRÈ TI RÈS LA: KOLABORASYON
(Paj 278-279 nan liv Neyemi Leve)

VÈSÈ KLE
"Pa janm bouke fè byen. Paske, si nou pa dekouraje, n'a rekòlte lè lè a va rive."

(Galasi 6:9, HCV)

Lè yo t ap rebati Jerizalèm, Neyemi, Esdras ak Aje te demontre pouvwa kolaborasyon yo. Neyemi, lidè pwojè a, te kòmanse efò a nan rasanble patisipan kle yo, tankou wa a, nòb yo, ak moun Jerizalèm yo. Esdras, yon ekspè nan lalwa, te asire pèp la konprann kòmandman Bondye yo, li e entèprete yo nan yon fason ki konekte ak tout moun. *"Paske, chak fwa de ou twa moun mete tèt yo ansanm nan non mwen, m'ap la nan mitan yo."* (Matye 18:20, HCV).

Kolaborasyon an pa t sispann ak Néhémie ak Esdras. Pwofèt tankou Aje, Zakari, ak Malachi te jwe yon wòl esansyèl, raple pèp la vizyon Bondye te genyen pou vil yo. Pwofèt sa yo te ankouraje pèp la pou yo rebati tanp lan, restore vil la, epi viv dapre prensip Bondye yo. Chak moun te pote konpetans ak pèspektiv pa yo, men se objektif yo te pataje ansanm ki te mennen yo nan siksè. Bib la di: *"Lè ou gen yon lòt moun avèk ou, li pi bon pase lè ou pou kont ou, paske ansanm nou bay pi bon rannman nan travay nou."* (Eklezyas 4:9-10, HCV).

Rekonstriksyon Jerizalèm nan pa t sèlman yon pwojè fizik, men li te gen tou yon dimansyon espirityèl. Lè moun ki gen diferan don ak apèl mete tèt ansanm, Bondye itilize kolaborasyon yo pou reyalize plan li. *"Si sa soti nan Bondye, nou p'ap kapab kraze li. Atansyon pou se pa avèk Bondye nou gen zafè."* (Travay 5:39, HCV). Sa ki ka parèt enposib pou yon moun sèl vin posib lè moun yo travay ansanm pou glwa Bondye.

Kòm manm kò Kris la, nou gen apèl pou nou travay ansanm, chak moun pote fòs li. Kit se nan fanmi nou, legliz nou, oswa kominote nou, inite a esansyèl. Idantifye domèn kote kolaborasyon ka rann efò ou yo pi solid. Angaje w pou travay men nan men ak lòt moun, sonje ke ansanm nou ka rebati lavi ak kominote pou wayòm Bondye a.

LAPRIYÈ
Senyè, ede m wè pouvwa kolaborasyon an. Anseye m pou m rekonèt don lòt moun epi pou m travay ansanm nan objektif Ou. Se pou efò mwen yo dwe yon refleksyon nan glwa Ou. Amèn.

APLIKASYON

Konsidere zòn nan lavi ou kote kolaborasyon ka ranfòse enpak ou. Lonje dwèt sou yon moun ki gen ladrès konplemantè epi travay ansanm nan yon objektif komen, konfyans ke Bondye pral sèvi ak efò konbine ou pou wayòm li an.

OU TANDE VWA BONDYE?

15 Me 2025 — Bib la nan yon lane - 2 Kwonik 16 – 2 Kwonik 19

SEKRÈ TI RÈS LA: KOMINIKASYON

(Paj 279 nan liv Neyemi Leve)

VÈSÈ KLE

"Pa janm bouke fè byen. Paske, si nou pa dekouraje, n'a rekòlte lè lè a va rive."

(Galasi 6:9, HCV)

Kwè nan yon kòz ak kolabore ak moun ki gen menm lide pa ase. Nou dwe kominike pozisyon nou an efektivman bay moun ki pa imedyatman pataje opinyon nou yo. Kominikasyon sèvi de objektif enpòtan: li bay lòt moun kouraj ki dakò ak nou epi li ede enfliyanse moun ki pa deside. *"Lè n'ap pale, di bagay ki pou fè yo kontan, ki pou enterese yo. Konn ki jan pou nou reponn chak moun."* (Kolosyen 4:6 , HCV).

Lè yon moun pale, lòt moun ki gen menm kwayans souvan santi yo gen pouvwa pou yo fè menm bagay la. Kouraj kolektif sa a kreye yon mouvman k ap defann chanjman. Konsekans kominikasyon sa a pa ka souzèstime, paske *"lè ou bay bon pawòl ki tonbe daplon se tankou yon moso lò byen travay yo plake sou yon moso ajan."* (Pwovèb 25:11 , HCV). Kominikasyon ouvè nan mitan kwayan ankouraje yon vwa fò, inifye.

Epitou, kominikasyon gen pouvwa pou konvenk moun ki pa deside. Prensip Pareto a souvan kenbe verite: apeprè 80% nan moun tonbe nan mitan an sou pifò pwoblèm. Lè minorite devwe a kominike efektivman, yo ka rale yon pati enpòtan nan gwoup ki pa deside a bò kote yo, chanje balans pouvwa a. *"Se pou moun ki gen konesans koute sa ki nan pwovèb yo, pou yo ka mete sou sa yo konnen deja."* (Pwovèb 1:5).

Nou menm kwayan, nou dwe sèvi ak tout platfòm ki disponib pou pataje konviksyon nou yo. Kominikasyon nou an ta dwe ranpli ak lafwa ak enpak, chita sou verite Bondye a. Pa ezite pale pou sa ou kwè, paske pawòl ou yo ka enspire kouraj nan lòt moun epi enfliyanse moun ki pa deside. *"Ann pale verite a avèk renmen nan kè nou, konsa n'a ka grandi nan tout sans nan Kris la ki chèf kò a."* (Efezyen 4:15, HCV).

LAPRIYÈ

Senyè, ban m sajès ak kouraj pou m kominike verite w la avèk efikasite. Se pou pawòl mwen yo enspire lòt moun pou yo kanpe avè m nan lafwa e pou yo mennen moun ki pa deside vin pi pwòch Ou. Amèn.

APLIKASYON

Chèche opòtinite pou kominike kwayans ou klèman ak lanmou. Konsidere kijan ou ka sèvi ak vwa ou pou enspire lòt moun ak enfliyanse moun ki sou kloti a.

OU TANDE VWA BONDYE?

16 Me 2025 — BIB LA NAN YON LANE - 2 KWONIK 20 – 2 KWONIK 23

SEKRÈ TI RÈS LA: KOURAJ

(Paj 279-280 nan liv Neyemi Leve)

VÈSÈ KLE

"Pa janm bouke fè byen. Paske, si nou pa dekouraje, n'a rekòlte lè lè a va rive."

(Galasi 6:9, HCV)

Verite ak lide ki pa tradisyonèl yo souvan mize nan wout anvan yo aksepte yo. Pwosesis la ka long ak konplike, epi moun ki kanpe pou laverite dwe gen kouraj ak detèminasyon. Filozòf Alman Arthur Schopenhauer te di yon fwa, tout verite pase nan twa etap: premyèman, yo pase l nan betiz; dezyèmman, yo opoze l ak vyolans; twazyèmman, yo aksepte li kon yon bagay ki evidan. Bib la di, *"Yon lè, ou gen pou ou wè moun p'ap vle kite yo moutre yo verite a ankò, y'ap vle pou yo swiv lide pa yo. Lè sa a, y'a reyini yon bann direktè met bò kote yo ki va di yo sa yo ta renmen tande."* (2 Timote 4:3, HCV).

Anpil lide nou aksepte kounye a, yo te yon fwa opoze yo ak vyolans. Pa egzanp, moun ki te premye kwè tè a won, yo te pase yo nan betiz. Men, yon minorite devwe te vle andire pèsekisyon e menm lanmò pou asire lide yo te aksepte. Krisyanis te kòmanse tankou yon kwayans minorite nan monn Greko-Women an, kote kilti a te antre nan politeyis ak pratik imoral.

Premye kretyen yo, malgre yo te fè fas ak gwo opozisyon, te rete fèm nan konviksyon yo. Apot yo te peye dènye pri a, e anpil moun te mouri pou lafwa yo. Kouraj yo ak detèminasyon yo te mete fondasyon pou sa ki t ap vin relijyon dominan Anpi Women an. Kouraj kèk fidèl yo te transfòme monn lan.

Pou fè yon diferans jodi a, nou dwe adopte menm kouraj la, menm konviksyon an. Se atravè konfyans, kolaborasyon, ak kominikasyon ke fidèl yo ka afekte monn lan. Kouraj pou kanpe fèm pou sa ki dwat se sa ki chanje listwa. Ankouraje fanmi w ak moun ki bò kote w yo pou yo gen kouraj devan opozisyon an, paske yo konnen ke verite a pral domine. Bib la di, *"Se pou nou vanyan. Se pou nou mete gason sou nou! Nou pa bezwen pè. Pa tranble lè yo parèt devan nou. Seyè a, Bondye nou an, kanpe la avèk nou. Li p'ap janm lage nou, li p'ap janm kite nou pou kont nou."* (Detewonom 31:6, HCV).

LAPRIYÈ

Senyè, ban m kouraj pou m rete fèm nan verite a, menm lè li difisil. Se pou mwen menm, tankou premye kretyen yo, rete fèm ak odasye nan konviksyon mwen. Ranfòse rezolisyon mwen pou m fè yon diferans pou wayòm ou an. Amèn.

APLIKASYON

Reflechi sou domèn nan lavi ou kote ou bezwen plis kouraj. Pran etap semèn sa a pou kominike kwayans ou avèk konfyans epi kenbe fèm, menm lè w fè fas ak opozisyon. Ankouraje lòt moun fè menm jan an.

OU TANDE VWA BONDYE?

SIKSÈ AK RANPLASAN

(Paj 281-282 nan liv Neyemi Leve)

VÈSÈ KLE

"Pa janm bouke fè byen. Paske, si nou pa dekouraje, n'a rekòlte lè lè a va rive."

(Galasi 6:9, HCV)

Siksè souvan konsidere kòm akonplisman yon objektif oswa yon sans satisfaksyon nan lavi. Sepandan, siksè se yon bagay ki varye de moun an moun selon bezwen, objektif, ak diferan sikonstans. Pou kèk moun, siksè ka konsène relasyon oswa kwasans pèsonèl, pandan ke lòt moun ka santi yo plis alèz ak echèk pase ak presyon siksè a pote. Bondye di, *"Se mwen ki konnen sa m' gen nan tèt mwen pou nou. Se mwen menm Seyè a k'ap pale. Se byen nou mwen ta vle wè, pa malè nou. Mwen ta vle denmen nou jwenn sa n'ap tann lan."* (Jeremie 29:11, HCV).

Laperèz pou reyisit ka soti nan enkyetid sou sakrifis, responsablite, oswa santiman endiyite. Endividi yo ta ka enkyete ke rive nan siksè ka ekspoze yo a ogmante presyon oswa envestigasyon piblik. Enkyetid sa a ka lakòz pwokastinasyon oswa pwòp tèt ou-sabotaj, menm jan yo gen dout kapasite yo pou dirije oswa fè fas ak demand yo siksè enplike.

Yon manifestasyon komen nan laperèz sa a se sendwòm enpostè, kote moun yo santi yo fo malgre reyalizasyon yo. Yo ka atribiye siksè yo a chans oswa faktè ekstèn pase kapasite yo. Enkwayan ak kretyen ansanm fè fas ak lit sa a, ki mennen nan dout sou tèt yo ak enkyetid. Men, Bondye rele nou anbrase idantite nou nan li, pa nan akonplisman nou oswa echèk nou yo. Bondye di: *"Men nou menm, nou se yon ras Bondye chwazi, yon bann prèt k'ap sèvi Wa a, yon nasyon k'ap viv apa pou Bondye, yon pèp li achte. Li fè tou sa pou n' te ka fè tout moun konnen bèl bagay Bondye te fè yo, Bondye ki rele nou soti nan fènwa a pou nou antre nan bèl limyè li a."* (1 Pyè 2:9).

Pou simonte sendwòm enpostè a, aksepte apèl Bondye a, anbrase idantite w nan Kris la, reklame eritaj espirityèl ou, epi chèche sajès atravè Sentespri a. Rekonèt siksè w tankou yon pati nan plan Bondye a, epi pa kite dout afebli kwasans ou. Selebre chak viktwa, gwo kou piti, tankou yon pati nan vwayaj ou pou akonpli objektif li. *"Tansèlman, nou konn sa byen: nan tout bagay, Bondye ap travay pou byen tout moun ki renmen l', pou byen tout moun li te fè lide rele."* (Women 8:28, HCV).

LAPRIYÈ

Senyè, ede m anbrase siksè ou ban mwen yo. Gide m pou m simonte laperèz ak dout, epi ranfòse konfyans mwen nan plan Ou pou lavi m. Se pou mwen toujou jwenn idantite mwen nan Ou, epi fè konfyans nan apèl Ou. Amèn.

APLIKASYON

Si w ap lite ak santiman ensifizans oswa sendwòm imposter, pran yon ti moman pou w reflechi sou don Bondye ba w ak apèl ou a. Afime idantite w nan Kris la epi rekonèt benediksyon ki soti nan se pitit li.

OU TANDE VWA BONDYE?

18 Me 2025 — Bib la nan yon lane - 2 Kwonik 27 – 2 Kwonik 30

NOU BEZWEN SELEBRE SIKSÈ
(Paj 282-283 nan liv Neyemi Leve)

VÈSÈ KLE
"Pa janm bouke fè byen. Paske, si nou pa dekouraje, n'a rekòlte lè lè a va rive."

(Galasi 6:9, HCV)

Lidèchip Neyemi a se yon egzanp pwisan sou fason pou jere siksè. Apre senkannde jou travay entans, nwit san dòmi, ak opozisyon fewòs, miray Jerizalèm lan te fini. Neyemi pa t jis kouri konsantre sou pwochen travay la, li te pran tan pou l fete. Moun yo te mete ansanm pou dedye miray la ak gwo selebrasyon. *"Jou sa a, yo te ofri anpil gwo sakrifis pou Bondye. Tout pèp la t'ap fè fèt paske Seyè a te ba yo gwo kè kontan. Tout fanm yo ak tout timoun yo t'ap fete tou. Byen lwen yo te ka tande moun yo ki t'ap fete nan lavil Jerizalèm lan."* (Neyemi 12:43, HCV).

Istwa sa a anseye nou enpòtans pou selebre viktwa nou yo, kèlkeswa gwosè yo. Lontan, mwen pa t' byen konprann siyifikasyon selebrasyon an. Mwen te pase plizyè ane ap travay di pou m fini diplòm mwen nan kontablite ak prereki lekòl medsin, men lè jou gradyasyon an rive, mwen pa t la. Mwen te deja konsantre sou pwochen travay mwen an. Menm bagay la te rive lè mwen te pran diplom teyoloji mwen an, epi pita, diplòm dwa entènasyonal mwen. Mwen pa te enterese nan seremoni yo; mwen te deja fikse sou pwochen defi a.

Sepandan, bagay yo te chanje lè m te marye. Apre li te fin fè diplòm dwa mwen an Frans, madanm mwen te ankouraje m pou m asiste seremoni gradyasyon an. Li te eksplike ke li enpòtan pou pitit nou yo wè papa yo resevwa diplòm li. Pou yo, mwen te asiste l. Jou sa a, mwen te reyalize valè ki gen nan selebre reyalizasyon nou yo. Li pa sèlman pou nou menm moun, men pou fanmi nou, kòlèg nou yo, ak pwochen jenerasyon an.

Selebre siksè kreye yon anviwònman pozitif nan kay la ak nan espas travay la. Li ranfòse estim pwòp tèt yo epi anseye lòt moun valè travay di, devouman, ak pèseverans. Nou menm dirijan, nou bay egzanp. Lè nou selebre viktwa nou yo, sa ankouraje lòt moun pou pouswiv pwòp objektif yo ak pasyon ak angajman. Li montre yo tou sa ki ka reyalize lè nou mete konfyans nou nan plan Bondye pou lavi nou.

LAPRIYÈ
Senyè, mèsi pou siksè ak reyalizasyon ou te pèmèt nan lavi mwen. Ede m selebre moman sa yo, non sèlman pou pwòp tèt mwen men pou ankouraje lòt moun epi anseye yo valè pèseverans. Se pou mwen kontinye fè konfyans nan plan Ou pou mwen ak moun ki bò kote m. Amèn.

APLIKASYON

Pran tan jodi a pou selebre yon siksè ki sot pase, kèlkeswa ti jan. Pataje viktwa ou ak fanmi w oswa ekip ou, epi rekonèt travay di ak devouman li te pran pou rive la. Sèvi ak moman sa a pou ankouraje lòt moun nan pwòp vwayaj yo.

OU TANDE VWA BONDYE?

BAY BONDYE GLWA

(Paj 284 nan liv Neyemi Leve)

VÈSÈ KLE
"Pa janm bouke fè byen. Paske, si nou pa dekouraje, n'a rekòlte lè lè a va rive."

(Galasi 6:9, HCV)

Bondye rele nou pou nou konte sou li nan moman pwoblèm, li pwomèt delivrans lè nou rele li. *"Lè ou nan tray, rele m', m'a delivre ou. W'a fè lwanj mwen."* (Sòm 50:15, HCV). Lè li bay nou viktwa, sitou nan sitiyasyon kote nou pa t kapab reyisi poukont nou, li esansyèl pou nou pran yon poz epi ba li glwa. Gratitid se pa sèlman yon repons—se yon zak adorasyon ki onore fidelite ak pouvwa Bondye.

Nan Lik 17, Jezi te geri dis moun ki gen lalèp, men se yon sèl ki te retounen pou di l mèsi. Nonm sa a, yon etranje, te rekonèt grandè sa Jezi te fè pou li. Jezi mande: "Èske dis pa te geri? Kote nèf yo? Èske pa t jwenn pèsonn pou touyen vin fè lwanj Bondye, eksepte etranje sa a? (Lik 17:17-18, ESV). Istwa sa a fè nou sonje ke rekonesans pa ta dwe janm yon apre panse. Se yon chwa fè espre pou rekonèt men Bondye nan lavi nou.

Benediksyon Bondye yo toutotou nou—gerizon, pwovizyon, pwoteksyon, delivrans, ak plis ankò. Li se moun ki bay tout bon kado (Jak 1:17). Poutan, menm jan ak nèf lepre yo, souvan nou bliye remèsye li. Èske w ap tounen pou w bay Bondye glwa, oswa èske w ap pran benediksyon l yo pou yo akòde? Imilite tèt ou epi rekonèt ke chak siksè, chak viktwa, ak chak zouti se yon kado nan men li.

Pran tan jodi a pou w reflechi sou bonte Bondye nan lavi w. Ekri fason li te beni w yo, epi di l mèsi sensèman. Pataje temwayaj ou sou fidelite li ak lòt moun, montre yo sou glwa li. Se pou lavi w tounen yon temwayaj vivan nan rekonesans, raple tout moun ke tout bon bagay soti nan li.

LAPRIYÈ

Papa nou ki nan Syèl la, mèsi pou dividal benediksyon Ou yo ak delivrans ou nan lavi mwen. Padone m pou fwa mwen te pran bonte w pou akòde. Ede m 'toujou retounen bò kote Ou ak yon kè plen gratitud, ba ou tout bèl pouvwa pou chak viktwa ak siksè. Se pou lavi m 'te yon temwayaj nan fidelite ou. Nan non Jezi, Amèn.

APLIKASYON

Reflechi sou yon viktwa ki sot pase oswa yon benediksyon nan lavi ou. Ekri yon lapriyè di Bondye mèsi, rekonèt men l nan li. Pataje temwayaj ou ak yon moun semèn sa a, ankouraje yo rekonèt ak selebre bonte Bondye nan pwòp lavi yo. Fè rekonesans yon abitid chak jou, bay Bondye glwa li merite a.

OU TANDE VWA BONDYE?

20 Me 2025 — BIB LA NAN YON LANE - 2 KWONIK 34 - 2 KWONIK 36

RETE NAN IMILITE: REKONÈT MEN BONDYE NAN SIKSÈ OU

(Paj 284-285 nan liv Neyemi Leve)

VÈSÈ KLE

"Pa janm bouke fè byen. Paske, si nou pa dekouraje, n'a rekòlte lè lè a va rive."

(Galasi 6:9, HCV)

Neyemi te konprann vrè siksè soti nan Bondye. Lè miray Jerizalèm lan te fini, li te deklare, *"Lè lènmi nou yo vin konn sa, lè moun lòt nasyon k'ap viv nan vwazinaj nou yo wè sa, yo te wont. Yo rekonèt si travay la te fini se paske Bondye nou an te vle l'"* (Neyemi 6:15, HCV). Menm jan an tou, Zakari fè nou sonje, *"Se pa avèk vanyan sòlda ou yo, ni avèk pwòp kouraj ou ou pral rive nan sa ou gen pou fè a. Men se va avèk pouvwa lespri pa m' m'ap ba ou a."* (Zak 4:6, HCV). Menm lè travay di nou an ap peye, nou dwe rete enb, nou dwe rekonèt ke chak reyalizasyon finalman se fè Bondye.

Wa Nèbikadneza te aprann leson sa a yon fason difisil. Apre Danyèl fin entèprete rèv li a, wa a te vante tèt li: *"Gade jan lavil Babilòn lan vin gran non! Se mwen menm ki bati l' ak fòs kouraj mwen pou l' sèvi m' kapital peyi a, pou fè wè jan mwen gen pouvwa, jan mwen grannè?"* (Danyèl 4:30, HCV). Menm lè a, Bondye te imilye l, wete wayòm lan nan men l jiskaske li rekonèt, *"jan li [Bondye] gen pouvwa. L'ap donminen pou tout tan."* (Danyèl 4:34, HCV). Ògèy te koute l tout bagay, men imilite te restore l.

Imilite se pa panse mwens de tèt nou men se panse ak tèt nou mwens. Se rekonèt plas nou nan monn Bondye a epi ba li glwa pou chak siksè. Sikològ yo te jwenn ke imilite ankouraje aprantisaj, lidèchip, ak koperasyon. Sa ki pi enpòtan, Bib la di nou ke *"Bondye pran pozisyon kont moun ki gen lògèy yo. Men, moun ki soumèt devan l', li ba yo favè li."* (Jak 4:6, HCV). Ògèy bloke kwasans espirityèl, pandan ke imilite envite favè abondan Bondye a.

Pandan w ap reyalize objektif ou yo, sonje rete enb. Rekonèt Bondye se sous tout bon bagay nan lavi ou, epi kite rekonesans ou montre lòt moun sou li. Lè moun wè men Bondye nan siksè ou, yo pral enspire pou chèche li tankou sous yo. Kite lavi ou yon temwayaj nan grandè li, pa oumenm.

LAPRIYÈ

Papa nou ki nan Syèl la, mèsi pou chak siksè ak benediksyon nan lavi mwen. Ede m rete enb, rekonèt tout bon bagay soti nan Ou. Veye kè m' kont lògèy, epi kite lavi m' fè lwanj non Ou. Se pou lòt moun wè Ou tankou sous fòs mwen ak siksè mwen. Nan non Jezi, Amèn.

APLIKASYON

Reflechi sou yon reyalizasyon resan oswa siksè. Ekri kijan Bondye te ede w reyalize sa, epi remèsye li pou gidans li ak pwovizyon li. Pataje temwayaj sa a ak yon moun, bay Bondye glwa. Angaje w pou w rete enb nan aktivite w, w ap chèche onore l nan tout sa w ap fè.

OU TANDE VWA BONDYE?

IMILITE: KONPRANN PLAS NOU NAN MONN BONDYE A

(Paj 285 nan liv Neyemi Leve)

VÈSÈ KLE

"Pa janm bouke fè byen. Paske, si nou pa dekouraje, n'a rekòlte lè lè a va rive."

(Galasi 6:9, HCV)

Imilite se plis pase jis yon vèti—se yon pozisyon espirityèl ki rekonèt plas nou nan monn Bondye a. Li deplase konsantre nou soti nan enpòtans pwòp tèt nou sou souverènte Bondye a, fè nou sonje ke chak reyalizasyon, avansman, e menm erè se yon pati nan pi gwo plan li a. Sikològ yo te jwenn ke imilite amelyore kapasite nou pou aprann, dirije yon fason efikas, ak aji ak jantiyès ak koperasyon. Se yon kalite ki pa sèlman benefisye nou men tou ki ranfòse relasyon nou ak kominote nou yo.

Ògèy, nan lòt men an, anpeche kwasans espirityèl ak bloke favè Bondye a. Li konvenk nou ke nou otonòm ak merite siksè, ki mennen nan awogans ak izolasyon. Bib la avèti, *"Bondye pran pozisyon kont moun ki gen lògèy yo. Men, moun ki soumèt devan l', li ba yo favè li."* (Jak 4:6, HCV). Imilite ouvri pòt la nan abondan favè Bondye a, ki pèmèt nou grandi nan sajès, karaktè, ak lafwa.

Pou nou pratike imilite, nou dwe rekonèt tout bon bagay nan lavi nou soti nan Bondye. Menm lè nou travay di, se fòs li ak gidans li ki pèmèt nou reyisi. Lè nou rete enb, nou montre lòt moun sou li tankou sous benediksyon nou yo, enspire yo pou yo chèche li tou.

Kite imilite defini vwayaj ou. Selebre siksè ak rekonesans, aprann nan echèk ak favè, epi toujou bay Bondye glwa. Lè moun wè imilite w, yo pral rekonèt men Bondye nan lavi w epi yo pral atire nan lanmou li ak fidelite li.

LAPRIYÈ

Papa nou ki nan Syèl la, mèsi paske w fè m sonje plas mwen nan monn ou a. Ede m mache nan imilite, rekonèt ke tout bon kado soti nan Ou. Pwoteje kè mwen kont lògèy, epi kite favè ou koule nan mwen bay lòt moun. Se pou lavi m montre lòt moun sou Ou tankou sous tout benediksyon. Nan non Jezi, Amèn.

APLIKASYON

Reflechi sou yon dènye siksè oswa defi. Ekri kijan Bondye te jwe yon wòl nan li, epi remèsye li pou gidans li. Pataje rekonesans ou ak yon moun, mete aksan sou fidelite Bondye. Pran angajman pou w pratike imilite nan sèvi lòt moun epi bay Bondye glwa nan tout sa w ap fè. Kite aksyon w yo enspire moun ki bò kote w pou chèche l

OU TANDE VWA BONDYE?

ANKOURAJE LÒT MOUN: SELEBRE SIKSÈ ANSANM
(Paj 285-286 nan liv Neyemi Leve)

VÈSÈ KLE
"Pa janm bouke fè byen. Paske, si nou pa dekouraje, n'a rekòlte lè lè a va rive."

(Galasi 6:9, HCV)

Siksè se pa sèlman yon reyalizasyon endividyèl, li se yon viktwa pataje. Lè yon moun nan yon ekip reyisi, li soulve ak motive tout moun. Ankourajman, ki defini tankou bay sipò, konfyans, ak espwa, ranfòse lyen ak bati konfyans. Selebre etap enpòtan youn lòt ankouraje yon anviwonman pozitif kote tout moun santi yo valè ak enspire pou kontinye fè efò pou yo atenn objektif yo. Jan Bib la di, *"17 ¶ Menm jan fè file fè, konsa tou pou moun, yonn aprann nan men lòt."* (Pwovèb 27:17).

Lè nou aplodi pou siksè lòt moun, nou kreye yon kilti inite ak sipò mityèl. Rekonèt reyalizasyon fè nou sonje benediksyon Bondye yo pa limite; sa li fè pou youn, li ka fè pou yon lòt. Mantalite sa a ankouraje lafwa ak pèseverans, li enspire lòt moun pou yo kwè: "Si Bondye fè sa pou yo, li kapab fè sa pou mwen tou." Selebrasyon vin yon zouti pwisan pou bati konfyans ak kondwi pwogrè kolektif.

Rekonèt viktwa youn lòt tou ranfòse relasyon ak ankouraje yon sans de apatenans. Li fè nou sonje nou fè pati yon bagay ki pi gwo pase tèt nou—yon ekip, yon fanmi, oswa yon kominote. Lè youn onore reyalizasyon lòt, nou kreye yon atmosfè ankourajman ki pouse tout moun nan pi gwo wotè.

Pran tan pou selebre siksè moun ki bò kote w. Kit se yon kòlèg, yon zanmi, oswa yon manm fanmi, ankourajman ou ka fè yon gwo diferans. Kite pawòl ou ak aksyon w yo enspire lòt moun pou yo kontinye vanse, ak konfyans ke Bondye ap travay nan lavi yo tou.

LAPRIYÈ
Papa nou ki nan Syèl la, mèsi pou siksè ou pote nan lavi nou ak lavi moun ki bò kote nou yo. Ede m vin yon sous ankourajman, selebre viktwa lòt moun epi montre yo fidelite w. Se pou pawòl mwen ak aksyon mwen yo bati moun ki bò kote m ', ankouraje inite ak espwa. Nan non Jezi, Amèn.

APLIKASYON
Idantifye yon moun nan lavi ou ki fèk reyalize yon etap enpòtan oswa siksè. Pran yon ti moman pou selebre avèk yo—voye yon nòt, bay yon konpliman, oswa òganize yon ti selebrasyon. Pataje kijan siksè yo enspire w epi raple yo men Bondye nan vwayaj yo. Pran angajman pou w vin yon sous ankourajman konsistan nan kominote w la.

OU TANDE VWA BONDYE?

EVITE PÈLEN PECHE
(Paj 286 nan liv Neyemi Leve)

VÈSÈ KLE
"Pa janm bouke fè byen. Paske, si nou pa dekouraje, n'a rekòlte lè lè a va rive."

(Galasi 6:9, HCV)

Akonplisman souvan pote richès, rekonesans, ak enfliyans, men sa yo ka mennen tou nan pyèj moral. Siksè ka fè nou gen yon sans siperyorite, sa ka fè nou bliye wòl Bondye nan akonplisman nou. Tan pou yo rekonesans, ogèy ak dwa ka pran rasin, mennen nou sou yon chemen danjere. Bib la avèti, *"Lè ou gen lanbisyon, yo pa lwen kraze ou. Lè w'ap fè awogans, ou pa lwen mouri."* (Pwovèb 16:18, HCV). Siksè, lè yo pa okipe ak imilite, ka fè nou vilnerab a peche.

Ògèy, avaris, ak lanvi se pyèj komen ki akonpaye siksè. Ògèy konvenk nou ke nou te reyalize grandè poukont nou, Evaris pouse nou vle plis a nenpòt ki pri, ak lanvi distrè nou nan sa ki vrèman enpòtan. Peche sa yo ka pran distans nou ak Bondye e yo ka fè nou mal relasyon ak lòt moun. Sepandan, imilite ak rekonesans aji tankou pwoteksyon, kenbe nou chita ak konsantre sou favè Bondye a.

Imilite fè nou sonje chak siksè se yon kado Bondye bay nou. Gratitid deplase konsantre nou soti nan sa nou te akonpli ak Sila a ki te fè li posib. Jan apot Pòl te ekri: *"Kilès ki di ou pi bon pase lòt yo? Kisa ou genyen se pa Bondye ki ba ou li? Enben, nan kondisyon sa a, poukisa w'ap fè grandizè pou sa ou genyen an tankou si se pa Bondye ki te ba ou li?"* (1 Korentyen 4:7, HCV). Lè nou rekonèt Bondye tankou sous benediksyon nou yo, nou pwoteje kè nou kont pyèj peche yo.

Pandan w ap fè eksperyans siksè, rete vijilan kont ogèy ak dwa. Kiltive yon kè gratitid, remèsye Bondye pou dispozisyon li ak gidans li yo. Kite reyalizasyon w yo montre lòt moun sou grandè li, pa pwòp pa w. Rete enb, epi se pou siksè ou yon temwayaj fidelite li.

LAPRIYÈ
Papa nou ki nan Syèl la, mèsi pou siksè Ou te beni m yo. Pwoteje kè m kont lògèy, avaris, ak lanvi, epi ede m rete enb ak rekonesan. Fè m sonje ke tout bon kado soti nan Ou, epi se pou lavi m fè lwanj non Ou. Nan non Jezi, Amèn.

APLIKASYON

Reflechi sou yon dènye siksè oswa reyalizasyon. Ekri kijan Bondye te jwe yon wòl nan li, epi remèsye li pou gidans li. Pataje rekonesans ou ak yon moun, montre yo fidelite Bondye. Pran angajman pou w rete enb lè w sèvi lòt moun epi bay Bondye glwa nan tout sa w ap fè.

OU TANDE VWA BONDYE?

24 Me 2025

BIB LA NAN YON LANE - NEHEMIAH 1 - NEHEMIAH 3

EVITE ÒGÈY LÈ W REYISI

(Paj 286 nan liv Neyemi Leve)

VÈSÈ KLE

"Pa janm bouke fè byen. Paske, si nou pa dekouraje, n'a rekòlte lè lè a va rive."

(Galasi 6:9, HCV)

Istwa Ozyas la se yon rapèl pwisan sou danje ki genyen nan ogèy siksè bay. Li te vin wa nan laj sèzan, li te chèche Senyè a, sa ki te mennen yon pwosperite san parèy. Sou dominasyon li a, militè, agrikilti, ak enfrastrikti pèp Izrayèl la te pwospere, sa ki fè l yon mèvèy pou lòt nasyon yo. Sepandan, *"lè li fin chita pouvwa l' byen chita, lògèy vire tèt li, sa lakòz pye l' chape."* (2 Kwonik 26:16, HCV). Ògèy li te fe l tonbe, mete fen nan epòk annò Izrayèl la epi kite yon leson pou nou.

Lògèy ka rantre dousman nan kè nou lè nou reyalize siksè, fè nou kwè nou reyalize tout bagay poukont nou epi nou envensib. Tankou Ozyas, nou ka bliye ke chak benediksyon soti nan men Bondye. Lògèy fè nou pa wè limit nou, sa ki mennen nou pran move desizyon epi, finalman, mennen nou nan destriksyon. Li pa sèlman afekte nou, men li touche tou moun ki konte sou nou—fanmi nou, ekip nou, ak kominote nou.

Pou nou evite pèlen lògèy la, nou dwe rete fonde nan imilite, rekonesans, epi toujou dispoze pou nou grandi. Imilite kenbe nou depann de Bondye, pandan rekonesans fè nou sonje se li menm ki bay tout bagay. Jan apòt Pyè konseye nou: *"Se poutèt sa, soumèt nou devan Bondye ki gen pouvwa, konsa la leve nou lè pou l' leve nou an."* (1 Pyè 5:6, HCV). Siksè se yon kado, pa yon dwa, epi nou gen responsabilite pou nou jere l byen.

Se pou istwa Ozyas la enspire w pou rete imil nan reyalizasyon w yo. Rekonèt men Bondye nan siksè w, epi sèvi ak enfliyans ou pou beni lòt moun. Selebre viktwa w ak rekonesans, epi rete ouvè pou aprann ak grandi. Lè w fè sa, w ap onore Bondye epi asire ke siksè w kite yon enpak pozitif ki dire lontan.

LAPRIYÈ

Papa nou ki nan Syèl la, mèsi pou siksè ou konfye m yo. Kenbe kè m 'imilite ak fonde nan verite Ou. Ede m rekonèt men w nan chak reyalizasyon epi sèvi ak enfliyans mwen pou glwa w. Veye m kont lògèy, epi kite lavi m reflete favè w ak fidelite w. Nan non Jezi, Amèn.

APLIKASYON

Reflechi sou yon dènye siksè oswa reyalizasyon. Ekri fason Bondye te kontribye nan li, epi remèsye li pou gidans li yo. Pataje rekonesans ou ak yon moun, montre yo fidelite Bondye. Pran angajman pou w rete enb lè w sèvi lòt moun epi chèche opòtinite pou w grandi nan sajès ak karaktè.

OU TANDE VWA BONDYE?

25 Me 2025 — Bib la nan yon lane - Nehemiah 4:1 – Nehemiah 7:3

EVITE AVARIS
(Paj 287 nan liv Neyemi Leve)

VÈSÈ KLE

"Pa janm bouke fè byen. Paske, si nou pa dekouraje, n'a rekòlte lè lè a va rive."

(Galasi 6:9, HCV)

Avaris pou richès se yon pyèj danjere ki ka mennen menm moun ki pi reyisi yo sou chemen destriksyon. Yo defini l kòm yon dezi san limit pou genyen plis pase sa nou bezwen. Avaris retire je nou sou lajistis pou li fè nou kouri dèyè richès. Jezi te avèti nou: *"Pesonn pa ka sèvi byen ak de mèt an menm tan. Li gen pou l' rayi yonn si l' renmen lòt la. L'ap sèvi byen ak yonn, men l'ap meprize lòt la. Nou pa kapab sèvi Bondye ak lajan an menm tan."* (Matye 6:24, HCV). Lè lajan vin priyorite nou, nou riske pèdi objektif Bondye gen pou lavi nou.

Anvan Bondye te mete gwo resous nan men m, li te enstwi m pou m defini fòm vi m epi fikse limit sou depans mwen. Li te konnen san disiplin, mwen ta ka fasil tonbe nan tantasyon pou m mennen yon vi depansye ki ta louvri pòt avaris. Jan apòt Pòl te ekri: *"Se poutèt sa, se pou nou detwi nan nou tou sa ki soti nan lemonn tankou: imoralite, malpwòpte, move dezi, move lanvi, renmen lajan (ki menm jan ak sèvi zidòl).* (Kolosyen 3:5, HCV). Lè nou mete byen materyèl anwo Bondye, nou fè yo tounen zidòl nan lavi nou.

Pou nou evite tonbe nan pyèj avaris, nou dwe aprann kontante epi pratike disiplin. Defini sa ou reyèlman bezwen epi pa kite dezi san limit mennen w sou move chemen. Mete konfyans ou nan Bondye, paske li toujou bay sa nou bezwen, epi sèvi ak resous ou pou beni lòt moun. Lè kè w rete konsantre sou Bondye, w ap evite danje avaris epi w ap asire ke siksè w bay lwanj ak glwa pou Bondye.

Pran tan pou reflechi sou relasyon w ak lajan ak byen materyèl. Eske yo ap sèvi w, oswa èske se ou k ap sèvi yo? Angaje w pou w viv ak jenewozite ak kontantman, epi sèvi ak resous ou pou avanse wayòm Bondye a. Se pou siksè w sèvi kòm yon zouti pou beni lòt moun, olye l tounen yon chenn ki mennen w lwen Bondye.

LAPRIYÈ

Papa nou ki nan Syèl la, mèsi paske w te bay bezwen m yo epi w te konfye m resous yo. Pwoteje kè m kont avaris epi ede m pratike kontwòl tèt mwen ak kontantman. Anseye m pou m sèvi ak benediksyon m yo pou m onore w epi sèvi lòt moun. Kenbe m 'konsantre sou objektif Ou, pa byen materyèl. Nan non Jezi, Amèn.

APLIKASYON

Reflechi sou fason w ap depanse ak jan w ap viv. Èske gen zòn kote w santi w tante pa lagrangou? Pran tan pou idantifye yo epi mete limit pou pratike disiplin ak kontantman. Sonje ke Bondye se sous tout bagay ou genyen, epi li vle ou sèvi ak resous ou ak sajès.

OU TANDE VWA BONDYE?

EVITE LANVI

(Paj 287-288 nan liv Neyemi Leve)

VÈSÈ KLE

"Pa janm bouke fè byen. Paske, si nou pa dekouraje, n'a rekòlte lè lè a va rive."

(Galasi 6:9, HCV)

Lanvi se yon pèlen ki ka mine menm moun ki gen plis siksè. Bib la avèti: *"Bouch madanm lòt moun ka dous kou siwo myèl, pawòl ka koule nan bouch yo tankou dlo. Men, lè tout bagay fini, bouch li anmè kou fyèl, lang li file tankou kouto de bò. L'ap mennen ou kote mò yo ye a. Tou sa l'ap fè se pou touye ou."* (Pwovèb 5:3-5 HCV). Samson, yon jij Bondye te chwazi, te tonbe nan pyèj sa a; li te pèdi pouvwa l, repitasyon l, e finalman lavi l. Istwa li a sèvi tankou yon rapèl ki montre danje ki genyen nan dezi san kontwòl.

Siksè ka fè nou santi nou gen tout dwa, sa ki mennen nou kwè nou merite tout sa nou vle, san nou pa konsidere moralite. Atitid sa a—*"mwen wè li, mwen vle li, mwen pran li"*—ka mete yon distans ant nou ak Bondye epi detwi eritaj nou. Pou nou evite pyèj dezi san limit, lògèy, ak avaris, nou dwe pwoteje kè nou, rete anchene nan lapriyè, epi rete responsab devan lòt moun. Rekonesans ak imilite se kle ki ede nou rete sou bon chemen epi kenbe je nou fikse sou objektif Bondye.

Aksyon w ak desizyon w pa sèlman fòme lavi w, men yo tou gen yon enpak sou moun k ap gade w. Kit se yon kolèg, yon manm fanmi, oswa yon moun k ap suiv tras ou, gen yon moun k ap obsève fason w jere siksè ak advèsite. Chak chwa ou fè—kit se pou entegrite oswa pou konpwomi—ap mete yon egzanp pou sa ki vin apre w. Se pou w fè efò pou w konstwi yon eritaj ki onore Bondye epi ki enspire lòt moun.

Pran dispozisyon pou pwoteje kè w ak lespri w kont tantasyon. Fè w antoure ak moun ki ka rann ou kont epi ki ap ankouraje w pou w rete sou chemen lajistis. Se pou lavi w se yon temwayaj sou favè Bondye epi yon modèl entegrite pou jenerasyon k ap vini yo.

LAPRIYÈ

Papa nou ki nan Syèl la, veye kè m kont tantasyon lanvi, lògèy, ak avaris. Ede m rete nan imilite epi rekonesan, konsantre sou objektif Ou pou lavi mwen. Ban m fòs pou m reziste anba tantasyon ak sajès pou m fè chwa ki onore w. Se pou eritaj mwen an enspire lòt moun swiv Ou. Nan non Jezi, Amèn.

APLIKASYON

Idantifye zòn nan lavi w kote w ka frajil devan tantasyon. Fè yon angajman ak yon zanmi oswa yon konseye ou fè konfyans ki ka ede w rete fidèl sou chemen Bondye vle pou ou. Reflechi sou eritaj ou vle kite dèyè. Pataje vwayaj espirityèl ou ak yon moun ki ka aprann nan egzanp ou, pou l ka grandi epi mache pi pre ak Bondye.

OU TANDE VWA BONDYE?

27 Me 2025 — Bib la nan yon lane - Nehemiah 9 – Nehemiah 11

PLANIFYE POU GEN SIKSÈ EPI KITE RANPLASAN

(Paj 288 nan liv Neyemi Leve)

VÈSÈ KLE

"Pa janm bouke fè byen. Paske, si nou pa dekouraje, n'a rekòlte lè lè a va rive."

(Galasi 6:9, HCV)

Apre Nehemi fin reyalize gwo travay li te genyen pou rebati miray Jerizalèm nan, li te panse asire demen ak moun ki pou ranplase li. Li te chwazi Anani ak Ananya pou dirije, li di: *"Mwen mete de moun reskonsab pou gouvènen lavil Jerizalèm lan. Se te Anani, frè mwen an, ak Ananya, kòmandan gwo fò a. Ananya sa a te yon nonm serye ki te gen krentif pou Bondye. Pa t' gen tankou l."* (Neyemi 7:2, HCV).

Desizyon sa a mete aksan sou yon prensip enpòtan nan lidèchip: sekirite avni nenpòt misyon oswa òganizasyon mande pou idantifye ak prepare ranplasan ki kapab.

John C. Maxwell te di: "Siksè san ranplasan se echèk." Men, mwen pito mete an evidans valè plizyè ranplasan. Soti nan eksperyans pèsonèl, mete tout konfyans ou nan yon sèl moun ka riske. Lavi se yon bagay ki enprevizib, e si ou konte sèlman sou yon sèl moun pou ranplase ou, ou ka rete san prepare si li pa kapab akonpli misyon li.

Sekrè a se prepare ak fòme plizyè kandida, epi bay chak moun konpetans, konesans, ak valè ki nesesè pou dirije avèk efikasite. Pwosesis sa a pa fèt aksidantèlman—li mande entansyon. Idantifye moun ki demontre konpetans ak karaktè, tankou Anani ak Ananya, epi envesti nan devlopman yo pazapa.

Gen yon gwoup potansyèl ranplasan tou asire adaptabilite, paske ou ka chwazi moun ki pi apwopriye selon sikonstans nan lavni. Sepandan, sa pa vle di chwazi yon moun san reflechi oswa san diskrèsyon. Kòm lidè, nou dwe evalye avèk priyè ak refleksyon kiyès ki pi byen prepare pou pote misyon an pi devan.

LAPRIYÈ

Senyè, ban m sajès pou m idantifye ak prepare moun ki pral dirije apre m. Ede m envesti nan kwasans yo epi ekipe yo ak zouti yo bezwen pou yo reyisi. Gide m nan chwazi moun ki fidèl, ki saj, e ki chita sou volonte w.

APLIKASYON

Evalye moun ki nan esfè enfliyans ou ki montre potansyèl lidèchip. Kreye opòtinite pou konseye ak ekipe yo ak ladrès pratik ak insight espirityèl. Divèsifye konsantrasyon ou pa devlope plizyè kandida, sa ki pèmèt tan yo disène preparasyon yo.

OU TANDE VWA BONDYE?

28 Me 2025 — BIB LA NAN YON LANE - NEHEMIAH 12 – NEHEMIAH 13

GWO LIDÈ KREYE LIDÈ

(Paj 289 nan liv Neyemi Leve)

VÈSÈ KLE

"Pa janm bouke fè byen. Paske, si nou pa dekouraje, n'a rekòlte lè lè a va rive."

(Galasi 6:9, HCV)

Gwo lidè ale pi lwen pase reyisit pèsonèl, li enspire ak ekipe lòt moun pou dirije. Roy T. Bennett te di avèk sajès, "Bon lidè yo gen vizyon epi enspire lòt moun pou ede yo fè vizyon an reyalite. Gwo lidè kreye plis lidè, pa disip. Gwo lidè yo gen vizyon, pataje vizyon, epi enspire lòt moun pou kreye pwòp vizyon pa yo." Lè yo bay lòt moun pouvwa pou yo dirije, gwo lidè yo kite dèyè yon eritaj ki kontinye ap fleri lontan apre manda yo fini, ankouraje yon avni ki pi briyan pou tout moun.

Devlopman lidèchip se menm jan ak prensip biblik paran yo: *"Bay yon timoun prensip li dwe swiv. Jouk li mouri, li p'ap janm bliye l"* (Pwovèb 22:6, HCV). Menm jan paran yo mete valè dirab nan pitit yo, lidè yo dwe fòme siksesè potansyèl yo nan prensip, pratik, ak vizyon ki nesesè yo soutni ak elaji misyon an.

Sa vle di idantifye moun ki gen non sèlman ladrès ak eksperyans ki nesesè pou lidèchip, men tou karaktè, entegrite, ak adaptabilite pou mennen vizyon an pi lwen. Lè ou se yon lidè, li enpòtan pou repwodwi style lidèchip ou nan yon fason ki pèmèt lòt moun bati sou siksè ou. Ekipe lòt moun pou dirije pa diminye wòl ou; men li miltipliye enpak travay ou a, asire ke li andire pou jenerasyon kap vini yo.

LAPRIYÈ

Senyè, ede m vin yon lidè ki enspire ak ekipe lòt moun pou antre nan lidèchip. Ban m sajès pou m rekonèt lidè potansyèl yo ak pasyans pou m konseye ak gide yo nan yon fason ki onore w. Kite eritaj mwen an vin youn nan miltiplikasyon, kote travay ou kontinye ap pwospere atravè lidè mwen ede devlope yo. Amèn.

APLIKASYON

Reflechi sou estil lidèchip ou epi idantifye valè kle ak ladrès ou vle transmèt. Chèche pou moun ki gen karaktè ak kapasite pou dirije epi kòmanse entansyonèlman konseye yo. Pataje vizyon ou ouvètman epi ba yo opòtinite pou kontribye nan reyalizasyon li.

OU TANDE VWA BONDYE?

PLANIFYE POU GEN YON SIKSÈ DIRAB

(Paj 289 nan liv Neyemi leve)

VÈSÈ KLE

"Pa janm bouke fè byen. Paske, si nou pa dekouraje, n'a rekòlte lè lè a va rive."

(Galasi 6:9, HCV)

Siksesyon pa sèlman konsène satisfè bezwen imedya yon òganizasyon—li konsène vizyon lavni li ak bati fondasyon pou siksè dirab. Bib la raple nou enpòtans nan panse avni: *"Yon moun ki gen bon kè ap kite byen pou pitit pitit li. Men, richès moun k'ap fè sa ki mal, se moun ki mache dwat yo k'ap jwi li."* (Pwovèb 13:22, HCV). Vèsè sa a soulinye ke yon moun ki jis ap panse pou planifye pou omwens twa jenerasyon apre li.

Nan tan biblik, yon jenerasyon te dire apeprè katòz ane, sa vle di moun ki jis yo te ankouraje pou panse 120 ane pou lavni. Sa a se yon pèspektiv dirab ki ta dwe enspire nou poze tèt nou kesyon an: Kote mwen vle fanmi mwen, legliz mwen, kominote mwen, biznis mwen, oswa nasyon mwen ye yon syèk depi kounye a? Repons pou kesyon sa a ka fòme kijan nou envesti ak prepare pwochen jenerasyon an.

Planifye pou lavni pa vle di sèlman adrese defi jodi a, men li vle di imajine bezwen, opòtinite, ak obstak demen. Sa a mande pou ekipe pwochen jenerasyon an ak konesans, kapasite, valè, ak fondasyon espirityèl yo bezwen pou yo fleri. Kit nan yon fanmi, yon legliz, oswa yon òganizasyon, planifikasyon siksesyon ta dwe vize soutni misyon ak vizyon pou jenerasyon k ap vini yo.

Finalman, bati yon eritaj mande pou pran konsèy epi bati relasyon ak entansyon. Idantifye moun ki gen potansyèl pou pote vizyon ou pi devan, epi pran tan pou devlope kapasite yo, pèspektiv yo, ak konprann yo. Envesti pa sèlman nan kapasite yo, men tou nan kwasans espirityèl ak moral yo. Lè w fè sa, w ap pa sèlman prepare siksesè, men w ap kreye lidè ki ka miltipliye enpak ou atravè jenerasyon, asire ke vizyon ou ap pèseverans lontan apre ou fin pati.

LAPRIYÈ

Papa nou ki nan Syèl la, ban m sajès pou m planifye pou demen jodi a. Ede m panse jenerasyonalman epi envesti nan lavni ak yon kè k ap chèche onore w. Anseye m kijan pou m prepare jenerasyon k ap vini an pou objektif Ou yo ka andire atravè yo. Se pou eritaj mwen an dwe youn ki reflete fidelite w pou plizyè jenerasyon. Amèn.

APLIKASYON

Kòmanse reflechi sou avni dirab fanmi w, òganizasyon w oswa ministè w. Fikse objektif pou kote ou espere yo pral ye nan 100 ane, epi kòmanse kreye yon plan pou rive la. Chèche fason pou konseye ak envesti nan pwochen jenerasyon an, ekipe yo pou pote vizyon an pi devan. Bay priyorite valè ak prensip ki pral kanpe tès tan an.

OU TANDE VWA BONDYE?

OU DWE RESPONSAB

(Paj 289-290 nan liv Neyemi leve)

VÈSÈ KLE
"Pa janm bouke fè byen. Paske, si nou pa dekouraje, n'a rekòlte lè lè a va rive."

(Galasi 6:9, HCV)

Antanke yon lidè ki gen siksè, gen yon kolèg ou fè konfyans e ki fidèl pou boukante lide se yon bagay inestimab. Lè w ap chwazi ranplasan, chèche gidans nan men yon moun ki pwouve l gen sajès nan lavi ou ak nan biznis ou. *"Lè pa gen moun ki konn gouvènen, peyi a pa ka mache. Men, lè gen anpil moun k'ap bay bon konsèy, peyi a sove."* (Pwovèb 11:14, HCV).

Konsèy moun saj ka ede rafine plan siksesyon ou, asire li an akò ak vizyon ou ak valè ou. Eksperyans ak pèspektiv yo ka revele kèk pwen ou pa t ap remake. Lè w antoure tèt ou ak konseye ki gen eksperyans, sa asire ke desizyon ou yo ap reflechi, balanse, e vize pou siksè alontèm.

Menm lidè ki pi kapasite yo bezwen responsablite. Yon konseye oswa yon mentor ki gen konfyans ofri fidbak konstriktif epi asire ke lidèchip ou rete anrasinen. Lè w soumèt nan konsèy saj, ou pa sèlman ranfòse pwòp lidèchip ou, men ou montre tou imilite ak yon angajman pou fè sa ki pi bon pou òganizasyon ou.

Pandan w ap prepare pwochen jenerasyon lidè yo, itilize konesans ak sajès moun ki te mache sou chemen sa a anvan ou. Antèman yo ka ede w navige defi yo, pran bon desizyon, epi bati yon eritaj entegrite ak fidèlite ki pèseverans atravè moun ki pral swiv tras ou.

LAPRIYÈ
Papa nou ki nan Syèl la, mèsi pou sajès ak gidans Ou bay nan chak sezon lidèchip. Ede m chèche konsèy ki gen bon konprann epi antoure tèt mwen ak konseye ki fè konfyans ki onore Ou. Ban m disènman pou m chwazi ak prepare siksesè yo, epi efò m yo ka glorifye Ou epi gen enpak sou jenerasyon k ap vini yo pou byen. Amèn.

APLIKASYON
Pran tan semèn sa a pou idantifye youn oubyen de moun ou ka fè konfyans ou ka jwenn konsèy. Pataje vizyon ou pou tan kap vini an epi chèche opinyon yo. Kòmanse devlope yon plan klè pou prepare ak ekipe siksesè potansyèl yo, asire w eritaj lidèchip ou an aliman ak prensip Bondye yo ak kanpe tès tan an.

OU TANDE VWA BONDYE?

DIRIJE ERITAJ OU

(Paj 289-290 nan liv Neyemi leve)

VÈSÈ KLE

"Pa janm bouke fè byen. Paske, si nou pa dekouraje, n'a rekòlte lè lè a va rive."

(Galasi 6:9, HCV)

Antanke yon lidè nan nouvo Jenerasyon Neyemi sa a, ou konprann gwo responsablite w genyen pou w poze yon fondasyon solid pou lavni. Bati yon kominote solid mande pou lidè ki vle sakrifye pwòp konfò pa yo pou benefisye lòt moun. *"Pa fè anyen nan lide pou fè tèt nou pase pou pi bon, ni pou fè lwanj tèt nou. Men, soumèt nou devan Bondye. Mete nan tèt nou lòt yo pi bon pase nou"* (Filipyen 2:3, HCV). Dezenterè sa a se mak karakteristik yon gwo lidè, ki pare pou sakrifye dezi pèsonèl li pou byen tout moun.

Egzanp Neyemi ak lòt bòs chantye l yo montre nou gen pouvwa pèseverans devan difikilte. Yo te rebati miray Jerizalèm malgre defi opozisyon yo ak resous limite yo. *"Lè sa a, mwen di yo: "Nou wè nan ki traka nou ye avèk lavil Jerizalèm k'ap fin kraze nan men nou avèk pòtay boule li yo. Vini non! Ann al rebati miray ranpa lavil la! Moun va sispann fè nou wont."* (Neyemi 2:17, HCV). Menm jan ak Neyemi, nou pa dwe abandone lè travay la difisil, men nou dwe kwè vizyon Bondye mete devan nou an vo sakrifis la.

Lidèchip nou kapab bati pon ant kilti epi pote lapè ak inite nan yon monn divize. Egzanp Neyemi montre nou aksyon nou ka gen enpak sou jenerasyon ki vin apre yo. Lè n ap dirije pandan nou konprann nou se pitit Bondye, nou ekipe ak resous li yo, enfliyans nou vin san limit. Atravè pouvwa li, nou kapab fè yon diferans dirab.

Pou vrèman gen enpak sou monn lan, nou dwe aji pandan n kwè se objektif Bondye k ap genyen batay la. Fè Bondye konfyans l ap pran swen nou epi reponn apèl li ak lafwa, konnen li ap sèvi ak nou pou reponn lapriyè moun ki bò kote nou yo. Kan lòt moun ap soufri, se pou soufrans yo ankouraje nou priye, epi atravè lapriyè, annou fè pati solisyon an.

LAPRIYÈ

Papa nou ki nan Syèl la, mèsi pou egzanp Neyemi ak dirijan ki te mache anvan nou yo. Ede m dirije ak dezenterè, lafwa, ak detèminasyon. Se pou m bati yon eritaj ki gen enpak sou jenerasyon e ki fè Wayòm ou an avanse.

APLIKASYON

Idantifye yon kòz oswa yon pwojè kominotè kote ou ka dirije ak yon lespri sakrifis. Mete men ak lòt moun ki pataje menm vizyon an epi kolabore avèk yo pou fè yon diferans ki dire lontan. Dirije ak entegrite, mete konfyans nan dispozisyon Bondye pou akonpli volonte l atravè ou.

OU TANDE VWA BONDYE?

BIYOGRAFI

Gregory Toussaint se yon PDG, antreprenè, filantwòp, yon otè ki fè anpil siksè e yon oratè Ayisyen Ameriken. Li ap dirije legliz Tabernacle de Gloire ki gen 25 000 manm ki gaye nan 60 kanpis toupatou sou latè. Li se fondatè radyo Shekinah.fm, ki gen plis pase 4 milyon moun k ap swiv li sou Entènèt la. Pwogram radyo Bichòp Greg antre nan plis pase 5 milyon kay ann Ayiti. Li se pwodiktè egzekitif « Bishop G Live », ki gen posiblite pou rive nan 500 milyon fwaye nan lemonn antye. Gregory ekri plis pase 30 liv, ki gen ladan kèk tit tankou *Neyemi leve, Dezabiye Jezabèl, ak Se pou Wayòm ou vini* ki pami liv ki plis vann sou Amazon. Nan lane 2023, li te fonde mouvman « Souf Pou Ayiti » epi li te dirije yon mach entènasyonal ki te travèse 10 depatman Ayiti yo, tout 50 eta ameriken yo ak 67 lòt peyi, e ki te atire plis pase 500 000 patisipan. Li gen diplòm nan biznis, nan dwa ak nan teyoloji epi li pale Angle, Fransè, Espanyòl ak Kreyòl Ayisyen. Gregory, madanm li Patricia, ak de pitit gason yo ap viv nan Mayami, Florid.

Si w nan zòn Miyami yon wikenn,
ou kapab vizite nou.

Tabernacle de Gloire
E-mail: **tgmiami@tabernacleofglory.net**
Sit wèb: **www.tabernacleofglory.net**
990 NE 125th Street, Suite 200 Miami, FL 33161

SWIV MWEN

KLIKE LA POU W SWIV MWEN SOU
REZOSOSYO YO OUBYEN ESKANE KÒD
QR SA A

LI PLIS LIV
GREGORY TOUSSAINT

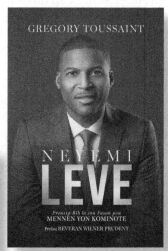
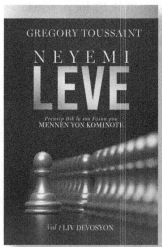
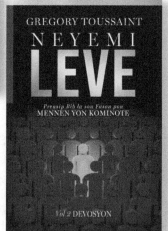

JWENN TOUT LIV
GREGORY TOUSSAINT YO

SÈVI AK KAMERA W POU SKANE KÒD QR A EPI JWENN TOUT LIV GREGORY TOUSSAINT YO SOU AMAZON.

Made in United States
North Haven, CT
19 June 2025